2020年 敬请期待
2月4日 >>> 2月20日
让三亿人参与冰雪运动

编者的话

　　《冬奥来了！——冠军从零教滑雪》是《滑雪去——跟着冠军学滑雪》版本几经提升、改版而形成的最新版本。书中图文并茂，技术演示与理论讲述同步，集滑雪的多种元素为一体，充满着滑雪文化氛围，并附有二维码视频信息，供随时观看，是一本通用性的滑雪多项目的读本和教材。

　　本书在编写过程中，借鉴了《滑雪运动指南》（人民体育出版社出版）的部分技术信息及图片。本书及其所附的教学视频可供初中级滑雪者学习滑雪知识与技术使用，同时可作为滑雪教学的教材使用。

　　希望本书能在3亿人参与冰雪、迎接2022年冬奥会及冰雪运动进校园中发挥作用。

2018年1月

寄 语

　　《冬奥来了：冠军从零教滑雪》是《滑雪去—跟着冠军学滑雪》的修订版。这本书的主编单兆鉴先生是我刚参加工作时的处长，那时就比我能爬山，比我能滑雪，现在还是。他为推动中国滑雪事业的发展而不懈地努力，并用自己的行动告诉大家滑雪能给人带来健康和快乐。愿这本书对大家学习滑雪有帮助，愿更多的人享受滑雪的快乐。

北京冬奥组委体育部部长

佟立新

冬奥来了！
冠军从零教滑雪

单兆鉴 等　主编

中国农业出版社

北京

图书在版编目（CIP）数据

冬奥来了：冠军从零教滑雪／单兆鉴　张鸿俊　主编．
—北京：农村读物出版社，2017.1（2020.9 重印）
　ISBN 978-7-5048-5289-2

Ⅰ．①冬… Ⅱ．①单… Ⅲ．①滑雪－基本知识 Ⅳ.
① G863.1

中国版本图书馆 CIP 数据核字（2016）第 317348 号

冬奥来了：冠军从零教滑雪

DONGAO LAILE: GUANJUN CONGLING JIAOHUAXUE

责任编辑　王庆宁　吕　睿　刘宁波
出　　版　农村读物出版社（北京市朝阳区农展馆北路 2 号 100125）
发　　行　新华书店北京发行所
印　　刷　中农印务有限公司
开　　本　787mm×1092mm　1/16
印　　张　13
字　　数　250 千字
版　　次　2017 年 1 月第 1 版　2020 年 9 月北京第 3 次印刷
定　　价　56.00 元

编委会

策划单位： 中国大众文化学会冰雪文化专业委员会

北京卡宾滑雪集团　　　　　　京张冬奥研究中心

北京市滑雪协会　　　　　　　张家口市滑雪协会

支持协办单位： 北京斯科威尔体育文化有限公司

北京星奥科技股份有限公司

《中国滑雪场大全》编委会　　"冰雪头条"编委会

中国大众滑雪技术大奖赛组委会

北京出版集团　　　　　　　　中国农业出版社

香港滑雪协会　　　　　　　　大连市滑雪协会

中国体育明星冠军滑雪队

铭星冰雪(北京)科技有限公司

中雪众源（北京）投资咨询有限责任公司

顾　　问（以姓氏笔画为序）：

于　洋	马元常	王　军	王　勇	王小源	王揖涛	伍　斌
朱承翼	刘小山	刘玉选	刘超英	齐　宏	阮　标	李　旭
李子欣	李明勇	李海斌	杨　波	陈　剑	陈　亮	范亚庸
林　霖	林育杰	单　戈	赵铁信	钟　帅	侯明晖	袁　海
殷　商	郭　敬	郭　磊	郭立新	曹红印	潘伯俊	魏庆华

总 策 划： 利汶桦 郭丹丹 李晓鸣

策 划（以姓氏笔画为序）：

马晓春 王连全 田有年 尖 锋 刘 威 刘宁波 刘博宇

安亚忱 安志坚 李臻吾 宋志勇 张 卫 张 昕 张士清

武颜龙 范国柱 秋 林 郝世花 桓海涛 阎珊珊 彭 强

董林模 蒋英超 蒙希泉 蔺泽林 魏彩霞 姜 勇

主 编： 单兆鉴 张鸿俊 阮 标 罗 勇

主编助理： 赵昀昀 徐大年

参编和提供资料人员（以姓氏笔画为序）：

于清平 王 宁 王 嵩 尹振华 巴依斯•胡林 代 森

刘德峰 刘微娜 阮俊峰 李忠辉 李妮娜 何红力 肖公仪

佟 姗 周永梅 单佟江 洪媛媛 姚 荣 郭乙萱 魏改华

摄 影： 贾 勇 徐大年 李林鹏 马伟玲 尼尔•拉尔森 史志强

技术演示人员： 单兆鉴 郭丹丹 蒋英超 郝世花 徐 捷 陈金环 李风友

曲春涛 冯利强 张宇驰 陈 爽 鲁志富

编 排： 吕 睿 马红欣 左花平 姬群飞 刘孟孟 冯卓然 张 亮

（多位在职人员按本人意愿未列入上述名单）

**向为国家、为我们升起国旗、
奏响国歌的中国滑雪世界冠军们致敬！**

序 言

　　生活水平提高了，生活品位也就提高了。原本很专业的、贵族的滑雪运动如今已加入到时尚的行列，成为大众所崇尚的健身运动。参加大众滑雪的人数迅猛增长。

　　滑雪不同于其他体育运动，如果没有基本的知识，还真不知道怎么滑。即便那些已有初级水准的滑雪者在技术上也有待进一步的规范与提高，所以有一本直观的图解辅导教材和影像资料就可解了滑雪爱好者的燃眉之急。欣闻"中国滑雪第一人"单兆鉴先生亲自主笔撰写了以高山滑雪为主，兼容单板滑雪、越野滑雪的大众普及教学图书，并将图稿内容另缩编成教学视频，亲自为书和教学视频做编导、演示，实乃为滑雪爱好者和中国滑雪运动的普及办了一件好事。可喜可贺。

说到此书的出版可喜可贺，是因为它确有几个显著的特色。一是专业权威，有"中国滑雪第一人"之美誉的、我国第一位全国滑雪冠军单兆鉴先生主编并亲自主笔和演示，特邀中国第一位世界滑雪冠军郭丹丹领衔众多大众滑雪的优秀教练为此书做技术动作演示，中国滑雪协会给予此书技术支持。二是大众时尚，此书选取了高山滑雪、单板滑雪和越野滑雪这三个适宜在大众中开展和普及的项目，使人们远离城市的喧嚣，置身林海雪原之中，享受大自然的魅力，从而达到健身怡神、健美体形的效果。三是新颖精彩，彩色图示、精美装帧，并配书中原班人马的精彩演示。四是以图解的方式印制成滑雪书籍并配以视频讲解，为中国首创。

　　中国滑雪运动员韩晓鹏获得第20届冬奥会冠军，40人获世界杯以上各类滑雪竞赛项目的冠军，这是中国滑雪界几代人的努力拼搏的结果！愿借此书的出版，能进一步掀起一个大众滑雪的热潮，以推动我国滑雪运动蓬蓬勃勃地发展起来。

中国滑雪协会前主席　**王揖涛**

中国滑雪世界级冠军名录

| 韩晓鹏 | 李妮娜 | 郭丹丹 | 季晓鸥 | 徐囡囡 | 程　爽 | 徐梦桃 |

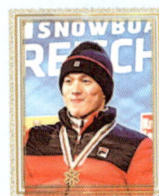      

| 齐广璞 | 欧晓涛 | 王　娇 | 邱　森 | 郭心心 | 赵姗姗 | 贾宗洋 |

| 张　鑫 | 杨　雨 | 孔凡钰 | 刘忠庆 | 周　航 | 王心迪 | 王锦芬 |

| 于淑梅 | 王春丽 | 李　爽 | 刘佳宇 | 孙志峰 | 蔡雪桐 | 宋朝卿 |

| 满丹丹 | 张义威 | 张　岩 | 刘桂兰 | 朱朕宇 | 孟繁棋 | 冯桂艳 |

| 董雪 | 殷　俏 | 贾雨平 | 刘显英 | 程方明 |

目录

CONTENTS

爱上滑雪~

一、人类滑雪运动的起源

阿勒泰古老滑雪

阿勒泰农牧民至今仍在使用"毛皮滑雪板"和单木杆滑雪杖

1993年以来，中国滑雪专业人员对新疆阿勒泰是世界滑雪起源的学说进行了10余年的研究。后又有多学科专家参加研究。2006年1月16日，滑雪、考古、历史等领域的专家会聚于中国新疆阿勒泰市进行了集中研讨，并宣布了关于中国新疆阿勒泰地区是世界滑雪起源地的《阿勒泰宣言》，宣言中指出：阿勒泰地区具备了滑雪起源的一切条件；距今至少1万年前阿勒泰人就开始了滑雪活动。

2005年在阿勒泰市一个古岩棚内，发现了一组距今约1万年的人体抽象滑雪岩绘画。这是至今为止世界上最早的关于滑雪起源的史证。

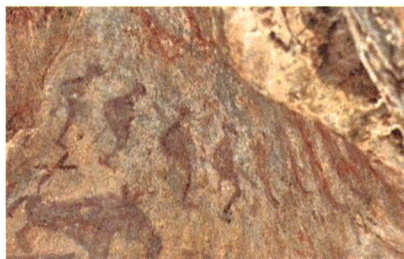

阿勒泰市岩棚中约1万年前的古滑雪人体抽象岩绘

（一）悠久的传统

阿勒泰农牧民至今仍有运用古代传承下来的"毛皮滑雪板"及单木杆滑雪杖滑雪的习俗。

一般的阿勒泰毛皮滑雪板的底面全用马腿毛皮裹敷，雪板通过兽皮筋捆绑在普通棉鞋上，单根的滑雪杖是实木长杆。

穿着毛皮滑雪板，可穿越高山密林

（二）阿尔泰山全能的滑雪高手

阿尔泰山中的滑雪者是真正
的全能滑雪高手，他们的滑雪既
是越野滑雪，又是高山滑雪、冬
季两项滑雪（他们使用的是弓箭
而不是小口径步枪），还是跳台
滑雪和登山滑雪。他们有高超的
穿林海、爬高山、过草丛的非凡
滑雪才能。他们从古代滑到今
天，正在从今天滑向未来。

康剑 摄

阿勒泰巴依斯湖林作

尼尔·拉尔森（美国） 摄

二、大众的、时尚的健身旅游活动

（一）学会滑雪好处多

滑雪运动有利于健体强魄，有利于陶冶情操，有利于增强耐寒能力，有利于锻炼坚强意志，有利于防治疾病，有利于健美体形——减肥！

滑雪运动者远离城市的喧嚣和污染，置身于雪山峻岭间及林海雪原中与大自然紧密地接触。白雪皑皑，空气清新，阳光明媚，视野开阔。滑雪者投身在"银装素裹"之中，与山、与林、与雪融为一体，"浴"雪共舞，积滞的烦恼与疲劳顿时会一洗而净，在大自然中得以健身怡神、陶冶情操、清脑洗肺、净化心灵。

世界冠军指点

高手传真经

（二）学会滑雪不困难

大众休闲滑雪以娱乐、健身为目的，其条件可因人而异、因时而异。故只要遵循安全、循序渐进的原则，学会滑雪不困难。

1.大众滑雪参与难度很低，男女老幼、体强体弱均可在适合的场地条件下，穿用适合的器材，采取适合的技术在雪坡上轻松、悠闲地滑行。

2.高山滑雪是从山上向下滑行，其动力几乎全部来自重力，人们只需穿上雪板站立在雪坡上即可自然向下滑动。

3.高山滑雪板底面宽大，对滑雪者来说支撑面积较大，便于稳妥地站在上面滑行；高山滑雪鞋的鞋靿很高，便于对脚与踝的保护；滑雪板上的固定器设计得十分科学，在滑雪者摔倒或受到的外力大于安全系数时，板鞋会自动分离，以防伤害的发生。

规范的动作示范

4.滑雪者一般经过一周的练习，便可以入门；经过一个月的练习，就可以在茫茫雪原初显神通；如果经过一冬的系统磨炼，就能像雪山林涛中的银鹰一样展翅飞翔了。

三、滑雪运动的分类

古老的实用滑雪

滑雪是基本呈站立姿态，双脚各踏一只滑雪板（或双脚共同踏一只较宽的滑雪板），双手各持一只滑雪杖（或双手不持滑雪杖），在雪面上滑行的体育运动。"立""板""雪""滑"是滑雪的基本要素。

滑雪运动从历史沿革的角度分为原始滑雪、古代滑雪、近代滑雪、现代滑雪四个时期。

滑雪运动从滑雪功能的角度分为实用滑雪、竞技滑雪、大众休闲滑雪、特殊滑雪四大类。

实用滑雪在当代许多场合中已被现代化机械设备所替代；竞技滑雪的项目种类不断扩大、革新，其特点是惊险、壮观，有明显的功利色彩；大众休闲滑雪是当代人们所喜爱的体育运动之一，广为人们所推崇，覆盖面很广；特殊滑雪包括探险、表演等内容，非一般大众所及。

滑雪运动从项目的角度分为高山滑雪、单板滑雪、越野滑雪、自由式滑雪、冬季两项等。

越野滑雪

大众高山滑雪

大众单板滑雪

滑雪运动分类表

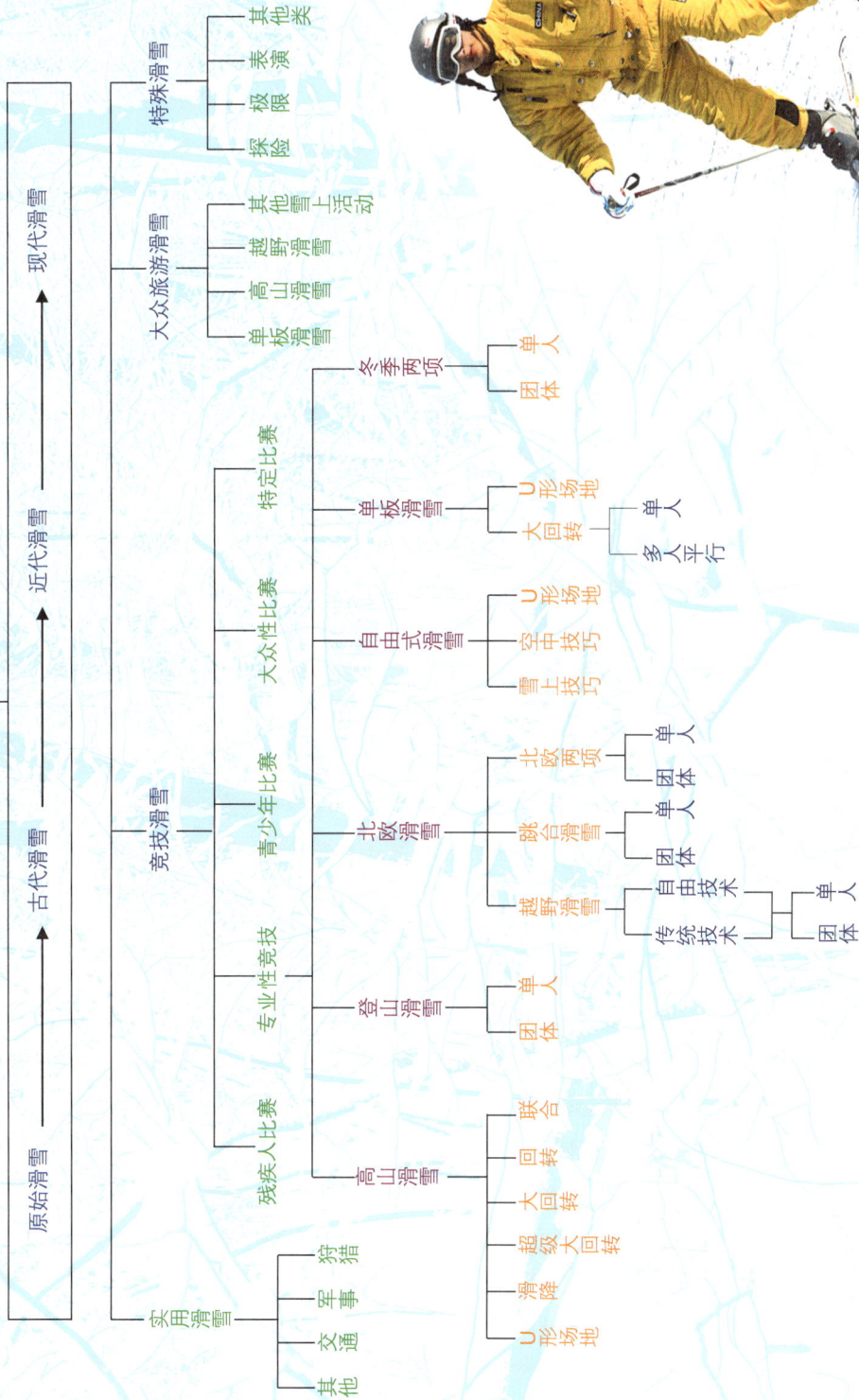

高山滑雪~

一、高山滑雪技术常用术语

重力（体重）及用力偏在左雪板上

在高山滑雪技术的实践中，须正确领会一些常用的主要的技术术语。高山滑雪的大部分术语同样适用于单板滑雪与越野滑雪。

（一）重心、作用力系列

1. 重力：重力可粗略理解为滑雪者的体重。

2. 重心：指人体总重力的作用点。其方向对着地球中心。重心在滑雪运动中的移动方向是多维的，即前后、左右、上下移动的合成方向。重心在滑雪运动中又是多变的，有时在体内，有时在体外。

3. 重心交换：一般指滑雪转弯过程中重心左右的变换。

4. 用力或施压：一般指通过腿与脚对雪板施加压力。

5. 承重：指滑雪板承受的重力。

重力（体重）及用力主要集中在右雪板上

重心左右居中

重心在前脚掌

重心右移至体外

重心落在脚后

（二）方向系列

滚落线：可设想为一个球体从山顶向山下顺着山坡不改变运行方向滚动时产生的一条完整直线。滚落线与地图等高线（落差线）相垂直。"滚落线"概念对滑雪技术的运用和理解非常重要。

（三）滑雪板板位、板型系列

1. 板位

（1）外雪板（腿）：指转弯外侧的滑雪板（腿）。

（2）内雪板（腿）：指转弯内侧的滑雪板（腿）。

（3）山下板（腿）：指转弯时处于山坡下侧的雪板（腿）。

（4）山上板（腿）：指转弯时处于山坡上侧的雪板（腿）。

（5）主动板：指转弯过程中起主导作用的那只滑雪板，即负重大的那只滑雪板，一般外雪板即山下板。

（6）从动板：指转弯过程中不起主导作用的那只滑雪板，即负重小的或不负重的那只滑雪板，一般内雪板即山上板。

（转弯过程中左右雪板的板位会不断发生变化。滑雪板在直滑降过程中没有以上板位的概念）

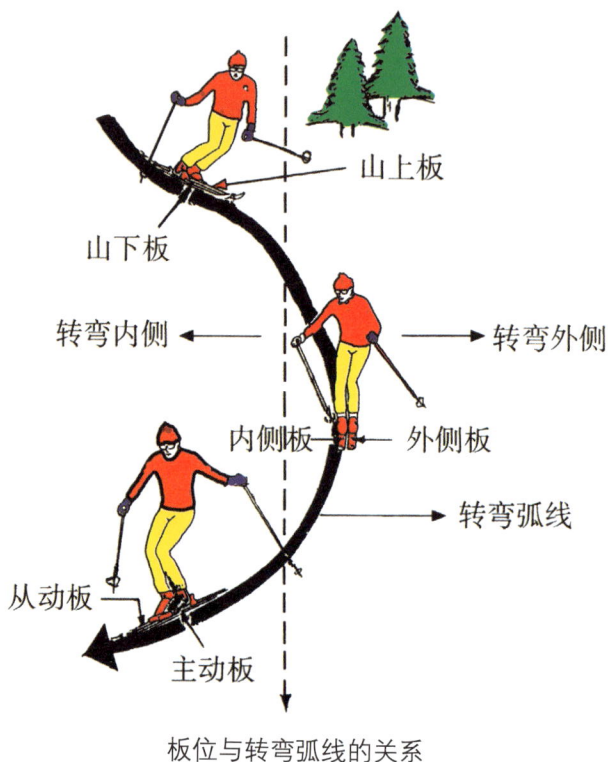

板位与转弯弧线的关系

犁式板型　　　　　平行板型　　　　剪刀式板型

2. **板型**：指两只滑雪板在雪面（或空间）所形成的形态。主要有犁式板型、平行板型、剪刀式板型。

（1）犁式板型：双雪板后部横向宽度大于前部。

（2）平行板型：双雪板相互平行。

（3）剪刀式板型：双雪板前部横向宽度大于后部，剪刀式板型的双雪板不可在雪面上同时承重向前滑行，只可用于蹬冰式滑行、空间动作等场合。

3. **雪板迎角**：转弯中滑雪板与原滑行方向所形成的角度。

4. **雪板挠度（张力、应力）**：指雪板在施压（受力）后所发生的前后部上翘，中部下曲的变形。这种变形产生一种反弹力。挠度与雪板结构的弧度无直接关系。

雪板挠度的产生

（四）雪板刃系列

1. **雪板刃**：指滑雪板底面两侧的金属边。每只滑雪板有两条雪板刃。

2. **雪板内、外刃**：两只雪板穿好后，不管处在何种板型状态中，其内侧的板刃称为内刃，外侧的板刃称为外刃。滑雪板的内刃和外刃是不变的。

外刃→   ←外刃

内刃

穿雪板静立时的雪板刃

3. **雪板山上侧刃、山下侧刃**：在山坡上，滑雪板与滚落线成一定角度时，处在山上侧的雪板刃称为山上侧刃，处在山下侧的雪板刃称为山下侧刃。山上侧刃与山下侧刃随时都有可能变换。

4. **立刃**：指滑雪板底面立起与雪面形成一定角度。

5. **立刃角（蹬雪角）**：转弯立刃时雪板底面与雪面所形成的角度。

转弯外侧←   →转弯内侧

山上侧刃

外刃

内刃

外刃

山下侧刃

转弯时板位与雪板刃的关系

立刃角

转弯中立刃角与身体反弓型

（五）身体形态系列

反弓型： 转弯过程中，由于雪板的立刃和出于维持平衡，膝、胯关节向转弯内侧倾斜，而上体又向转弯外侧反向倾斜所形成的人体姿态，称为反弓型。

二、高山滑雪的器材装备

（一）高山滑雪器材装备的内容

高山滑雪的基本器材有滑雪板、滑雪鞋、固定器、滑雪杖。

高山滑雪着装有滑雪服、滑雪手套、滑雪帽（或头盔）、滑雪镜。

1. 高山滑雪板

高山滑雪板的结构，材质及制作工艺都很复杂。滑雪板由前部、中部（腰部）、后部组成，中部安装固定器的部分称为"重量台"。滑雪板两侧镶有硬钢边。高山滑雪板的外形是前部宽、中部窄、后部居中，侧面形成很大的弧线。近年出现的"卡宾"板（俗称"大头板"）的外形更是如此，这种外形设计便于转弯，特别是有利于小转弯。

2. 高山滑雪鞋

高山滑雪鞋对脚与踝部有固定、保护及保暖等性能。鞋由内外两层组成，外层壳连同鞋底都很坚硬，防水、抗碰撞，上面镶有一个或多个夹子以及调整鞋的肥瘦、前倾角的装置。内层由化纤织物和松软材料组成，具有对踝和脚的保暖、裹紧等作用。一般初学型鞋靿向后开启，而且只有一个在后侧的夹子，便于穿脱。

初学者选用滑雪鞋，要根据自身脚的大小、技术水平、个人习惯等因素，尽量选用容易穿脱的轻便型、有微调装置及行走功能的滑雪鞋。

3. 高山滑雪固定器

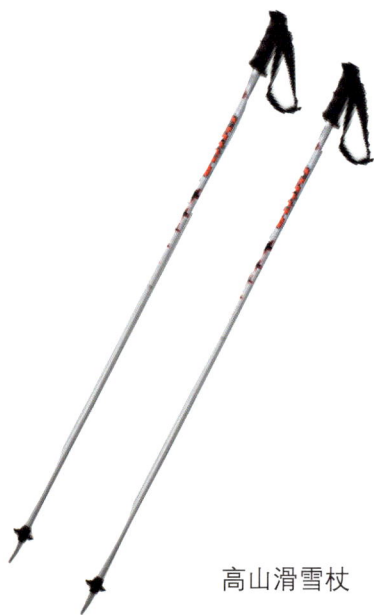

高山滑雪固定器一般由金属材质制成。固定器的主要功能是联结滑雪鞋与滑雪板及保护滑雪者的人身安全。当滑雪板受到的外力大于安全系数时，固定器会自动将雪板与雪鞋脱开，保障滑雪者不受伤害。固定器由前、中、后三部分组成，前部与后部可将雪鞋与雪板固定于一体，且都有显示与调整其松紧强度的装置，后端的锁固柄可便捷地把固定器锁住或松开。固定器中部有垫板与止滑器，止滑器可防雪板自行溜掉。

初学者的固定器强度在4～6便可。

高山滑雪固定器

4. 高山滑雪杖

高山滑雪杖的功能是支撑、加速、维持平衡、引导转弯（点杖）。

高山滑雪杖的杖杆部分由轻铝合金材料制成，上粗下细，有鞘度；其上端有握柄和握革，便于手握和防止雪杖脱落；其下端有杖尖，防止雪杖在硬雪撑插时脱滑；杖尖以上有圆形或雪花形雪轮，限制雪杖过深插入雪面。高山滑雪杖应大致与肘部同高。

高山滑雪杖

（二）穿脱滑雪鞋

①

②

1. 穿滑雪鞋的程序

滑雪鞋分左右脚，鞋的夹子在脚外侧。

③

穿滑雪鞋的程序如下：

首先坐在椅凳上，将雪鞋夹子和系带全部松开——撑大雪鞋靿口——脚尖伸入鞋口——用力向里面踩入——脚后跟下压贴实鞋底——全脚用力跺地，促使脚全部融入鞋中——从脚背前端开始依次扣紧夹子和紧好加固带——根据脚的感受，对夹子的松紧和其他装置做适当调整，使脚踝与小腿下端被雪鞋适度裹紧，只有小腿能向前弯屈少许及脚趾在鞋中能有点活动空间——将宽大的滑雪裤裤角（包括松紧状的薄质内层）套在雪鞋靿上。

2. 脱滑雪鞋的程序

脱掉雪鞋的程序如下：

清除鞋面覆雪——松开鞋夹子和紧固带——用手推压鞋靿后侧及向外拉抻鞋舌——脚从鞋内抽出。

（三）锁定滑雪板的程序

滑雪板不分左右。

锁定滑雪板时，首先将两只雪板平行横放在山坡雪面上，清除沾在鞋底的雪块等杂物——雪鞋前端对准固定器的前部月牙状开口——雪鞋后跟对准固定器后部的月牙状卡槽——脚后跟用力下踩，听到"咔嚓"的声音，固定器锁固柄弹起，滑雪板锁定——再用同样的程序锁定另一只雪板——之后将双雪板轮换在雪面上踩踩，观察是否锁定妥当。

如果在滑行中或跌倒后固定器自动脱开，需要重新锁定时，应首先压开后部的锁固柄，再按程序锁定雪板。

从理论上讲，脚、鞋、板应锁定成一个整体，没有活动间隙，使滑雪者的用力能精细地、确切地传导在雪板上。

②清洁鞋底

①摆好雪板

③前端对准

④脚跟下踩

⑤完成穿板

（四）松开滑雪板的程序

松开滑雪板时，首先将两只滑雪板平行横放在山坡雪面上——身体稳定站立——用一只滑雪杖的杖尖下压固定器后部翘起的锁固柄，使其向上弹起，松开雪鞋后部——将雪鞋从雪板上提离——再用同样的方法卸掉另一只滑雪板。

如果用滑雪杖松开固定器不方便，也可用手压或脚踩的方式松开锁固柄，卸掉滑雪板。

①压开锁固柄

②移开滑雪鞋

① ② ③ ④

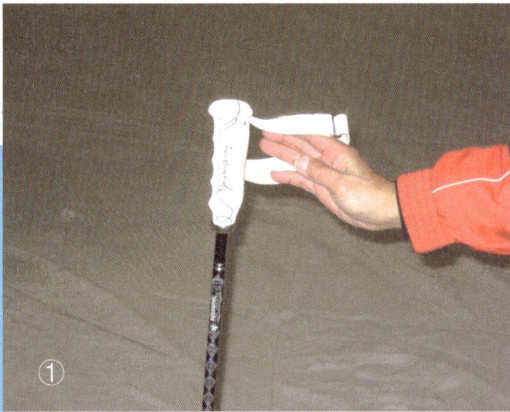

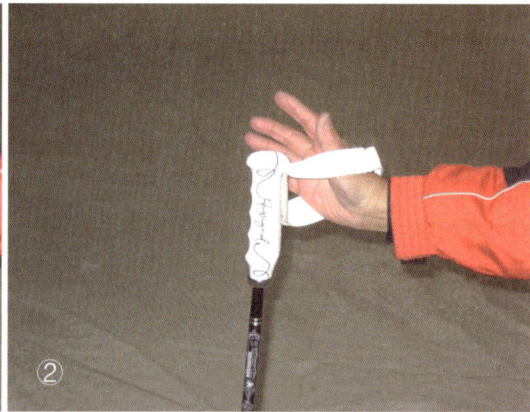

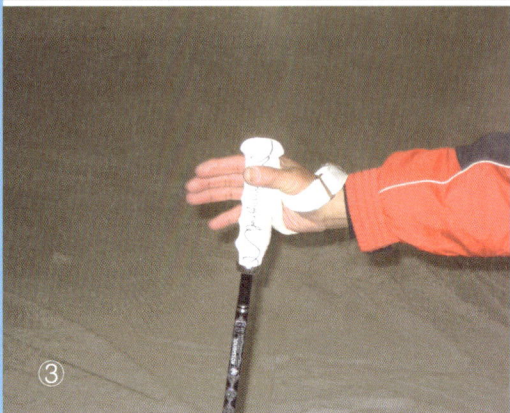

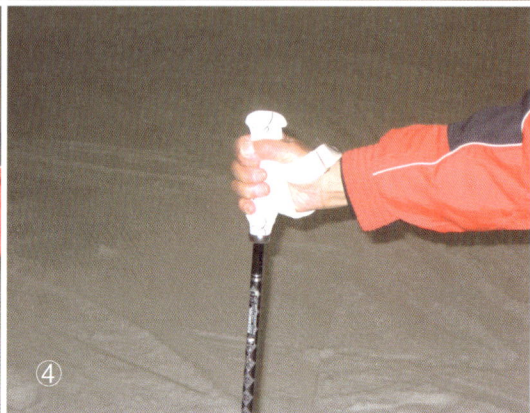

（五）滑雪杖的握持与脱开程序

1. 握杖程序

调整握革带的尺寸——手从环状握革带中由下向上穿过——将握革带与雪杖握柄一起握在手掌内。

2. 脱开程序

将握持滑雪杖的手张开——从环状握革中将手向下抽出。

3. 在初学阶段，滑雪杖的握革带可以不套在手腕上，双手只握住雪杖握柄即可，防止摔倒时"碍事"。

4. 在进入中级基础阶段或在中高级雪道滑行时，务必要将雪杖正确地握在手中，保证滑行中的安全以及充分发挥滑雪杖的功能。

（六）滑雪板的携带方法

1. 将两只雪板底面相对并在一起，顺方向扛在肩上，板尖朝前，用一只手臂扶压住。将两只滑雪杖并在一起，由另一只手握住握柄或杖杆。

2. 将两只滑雪杖放到另一肩上，使雪板、雪杖在颈后交叉，雪杖在下，两手在体前分别扶稳雪板与雪杖。

3. 也可用其他的适宜方法携带，但应注意不能威胁他人的安全。

4. 不要抱着雪板和拖拽着雪板行进。

错误动作

错误动作

三、高山滑雪的场地

选择滑雪场不同于选择网球场、滑冰场、游泳池……滑雪场近在郊外，远在山区，滑雪场、滑雪道是有区别的。为了能滑好雪，选择场地和雪道时主要应考虑安全、方便、情趣浓、滑雪效率高等因素。

滑雪场所的各种标识是对每位滑雪者的提示与忠告，应熟知其含义，切不可忽视。

1. 滑雪道等级标识

滑雪道用带有颜色的线条标注，绿色为初级滑雪道，蓝色为中级滑雪道，黑色为高级滑雪道。线的两端就是滑雪道的起终点。标注滑雪道的线条根据山坡的走势而呈曲线或直线，每一条曲线代表一条滑雪道或一个滑雪区域。

2. 滑雪场索道标识

每条索道都用带颜色的直线标注，直线的两端为起终点。两端加用圆圈或方块等图形标明。有些滑雪场根据索道种类的不同，如车厢式、吊椅式、拖牵式等，用专门的形象图标识。

乘坐索道时，还要注意"排队方式""抬起雪板前部""禁止摆动""下车方向"等提示。

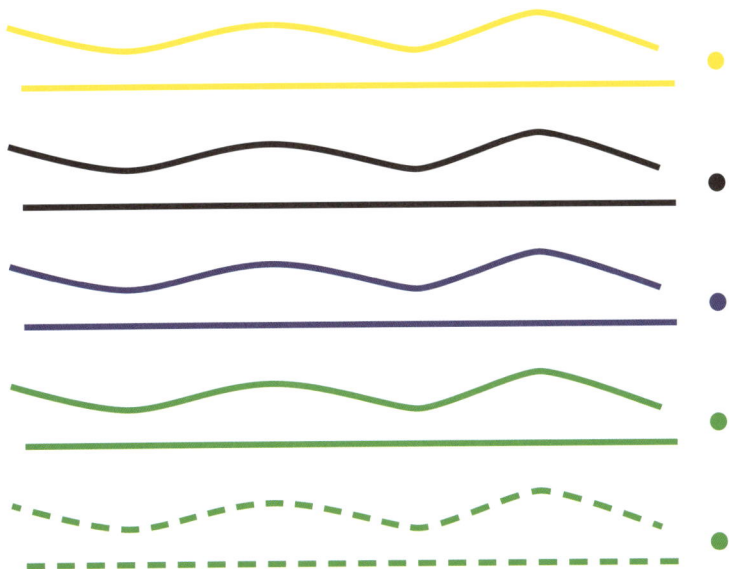

25

野外滑雪道：黄色线条（直线或曲线）

高级滑雪道：黑色线条（直线或曲线）

中级滑雪道：蓝色线条（直线或曲线）

初级滑雪道：绿色线条（直线或曲线）

初学者滑雪道：绿色线条（直虚线或曲虚线）

| 停车场 | 办理手续 | 双人吊椅 | 杆式拖牵 | 径直向前 | 径直向左 |

| 请放下护栏 | 请抬起护栏 | 雪板前端抬起 | 从右侧下吊椅 | 排成两列 | 救护站 |

| 禁止转弯 | 禁止摇晃吊椅 | 禁止滑野雪 | 禁止放开拖牵 | 禁止单板滑雪 | 禁止上下拖牵 |

| 危险 | 注意雪道狭窄 | 注意雪道交叉 | 注意拖索陡坡 | 向右转弯 |

高山和单板滑雪场地标识

四、乘坐索道的方式

初级滑雪者应选用短距离吊椅式索道或魔毯索道。

儿童的理想索道是传动式魔毯索道。

初学者最好先不乘用索道，结合学习导入技术进行"感悟雪性""适应器材"的反复练习，这样反倒省事与安全，而且也是一种基础训练。待能初步控制雪板后再乘用适应的索道。

（一）乘坐吊椅式索道的方式

1. 首先将滑雪器材及服装类物件穿好、戴好，防止乘坐时感到寒冷或物件掉落。

2. 依次排好队，乘坐前稳妥地站在上乘区位置，身体朝向山上。待吊椅接近身体时，转头向后盯着座位，顺势准确地坐到吊椅上，放下吊椅前的护栏，将雪板放到吊椅下的踏杆上。如果脱掉雪板乘坐，应将雪板横抱在怀中。

3. 在索道运行的过程中，应保持身体平稳，不能晃动。保管好随身的物件，防止从吊椅上掉下。

4. 接近索道下乘站前，应将雪板抬离踏板，板尖上抬，打开护栏，要特别注意防止雪杖别住吊椅。由于索道终点区的地形不同，下乘的具体方法也随之不同，雪场会有专人在此协助下乘和离开现场。一般情况下下乘时，身体向前离开吊椅，接着双雪板着雪面，用雪杖撑动前滑，迅速滑出索道终点区。如果在下乘时跌倒，不要慌张，应迅速离开，防止后来者推挤。

吊椅式索道

⑤ ▶ ⑥

③ ▶ ④

① ▶ ②

（二）乘用拉杆拖牵索道的方法

1. 这种索道的拖柄一般为圆形，固定在能伸缩的拉杆下端。乘用时首先站在合适的位置上，两只雪杖从手部摘下来，用外侧的手一起握住，扭转头部向后目视拖柄，待索道拉杆运转到体后时，用内侧手握住拉杆，经过体前，用大腿夹住圆形拖柄。此时上体及双腿应挺直，拖牵着向前滑动。

2．在乘用各种拖牵索道的运行途中，应保持平稳。内侧的手可以扶住运转的钢绳或握持拉杆，不要乱动。如果中途跌倒，应立即躲开滑道，以免绊倒后来者。（采用拉杆拖牵索道的方法参见单板滑雪相关部分）

（三）乘坐魔毯索道的方法

1. 魔毯索道的特点

（1）魔毯索道如同传送带，乘用时便捷、安全，最适合初学者和儿童乘用。

（2）魔毯索道只适用于初级或初中级滑雪道，也可用在雪上娱乐性项目的场地。

2. 乘用魔毯式索道的方法

（1）慢慢顺运行方向踏上特制的传送带，双雪板应始终对着魔毯运行方向，站稳，目视前方，双手握雪杖插于身体两侧。

（2）下魔毯索道时不要慌，顺应着速度滑出。

（3）也可以脱掉雪板乘用魔毯式索道。

五、高山滑雪的安全

高山滑雪不等于危险，但是高山滑雪终究是"勇敢者的运动"。高山滑雪给人们以刺激与享受，人们会情不自禁地、放纵地去追求、参与，所以容易忽视自身的安全。这就需要滑雪者引起足够重视，遵守滑雪者守则，减少高山滑雪中的伤害事故。

（一）高山滑雪伤害的预防

资料分析证明，滑雪损伤中80%是由于自己摔倒或互相撞击造成的，所以应采取积极的预防措施。

1. 热身活动要充分

充分的热身活动不但使身体和精神都进入兴奋状态，而且对提高身体肌肉的力量、灵敏协调性、柔韧性及关节的灵活性都有极大的作用，有助于有效地学好滑雪技术动作和减少外伤的发生。

2. 不要超越自身实际滑雪能力，盲目"登高"与"超速"

较严重的损伤往往出现在超速滑行的摔倒之中，因此，在滑行中应时时控制住自己的情绪，切不可超越自己的滑行技术能力去寻求刺激。超速滑行不但容易造成自身的损伤，也会给他人的安全形成威胁。

3. 要保持良好的身体状态

身体状态欠佳及睡眠不足都可引起反应迟钝、无力、精力不易集中、身体不协调，而这些现象都可导致摔倒与冲撞，造成损伤。滑雪时应具备充沛的体力和最佳的精神状态。

4. 要掌握好安全摔倒的方法

滑雪的摔倒是不可避免的，但危险的摔倒姿势是可以避免的。应尽量防止向前摔、头触地、形成滚动。掌握安全的摔倒方法，是有效减少损伤的一个非常重要的措施。

5. 调整好固定器松紧压力

高山滑雪的固定器有自动脱开的功能，使滑雪者损伤的可能大大减小。固定器调节的强弱程度与滑雪者的基本情况相符是保证滑雪者安全的关键，固定器压力调节不当是产生外伤的重要原因之一。初学者固定器的系数应控制在6以下。

（二）滑雪者要遵守滑行规则

　　每位在滑雪道内滑行的滑雪者，如同驾驶一辆汽车在高速公路上行驶的车手，为了自身和他人的安全，必须像遵守交通法规一样去遵守滑雪安全规则。

1. 不可在滑雪道内停留

　　在雪道内不可站立、停留、走动或在雪地上休息，而应到雪道边逗留。跌倒后应立即站起，离开现场。

2. 滑雪者必须控制速度滑行

　　滑雪者在滑行时必须控制住速度，不可超速，禁止在大众滑雪道上滑降。应保证滑行中能随时安全地转弯与停止。

3. 重新进入雪道要留神

　　滑雪者停止滑行重新进入雪道时和刚开始滑行时，应向山上看一眼，留神不要影响他人的正常滑行。

滑雪者守则要遵守。高高兴兴来滑雪，平平安安回家去

不可在雪道上逗留

4. 超越时要顾及前方滑行者

在前面的滑行者具有优先权。后面的滑行者要保持一定的安全距离。如果从两侧横向超越前者时，应给被超越者留足滑行空间。

5. 选择自己可控制的滑雪方式

滑行中要运用自己能控制的滑雪技术和方式，不可勉强。

6. 选择适于自己滑行能力的滑雪道

滑雪者不可超越自身技术水平选择滑雪道，以免造成超速或失控。初级滑雪者绝不可以到中级或高级滑雪道中滑行。

7. 滑雪者要顾及后果

滑雪者对自己的行为负有责任，对自己的行为及所使用的滑雪用具给他人造成的伤害同样负有责任。

（三）安全摔倒与站起

1.安全摔倒的含义

在滑雪时摔倒是常有的事，有时还应该主动去安全摔倒，以安全摔倒的方式分解冲力，避免撞击，化解险情。

2.安全摔倒的动作程序

（1）跌倒前急剧下蹲，降低重心。

（2）臀部向侧后坐下，使其一侧触及雪面，头朝山上，身体顺其自然向山下滑动，严禁翻滚。

（3）可能时双脚、双臂举起，尽可能使雪板、雪杖离开雪面。

（4）向山下的滑动没停止之前或受伤后，不要盲目乱动。

①摔倒之前降中心

②向侧后坐下

③头朝上向下滑动

安全跌倒

跌倒后会形成多种体位

①

②

3. 跌倒后站起来的方式

不卸掉雪板自己站起的动作程序：

（1）调整体位：摔倒后，尤其是被动摔倒后的体位会是多种形态的，首先应将头部调向山上侧，脚朝山下，侧坐在雪面上。

（2）将双雪板收拢到臀下，越贴近越好。双板平行，山上侧板刃横刻在山坡上。

（3）雪杖在体后上方或后方用力支撑或直接用手部支撑。

（4）先蹲起再站起。

①

②

③

④

（四）高山滑雪的热身运动

1. 热身运动的必要性

　　滑雪运动的热身运动是全身性的，对于预防伤害、"预热"肌体、润滑关节、启动中枢神经系统等都十分必要和有利，必须认真对待。

2. 热身运动的内容

　　热身运动可不穿雪板或穿雪板进行，理论上应持续30分钟。热身运动的主要内容是膝关节、肩关节、腕关节及手指各关节的旋转及大、小腿肌肉的拉伸，以使身体微微发热和出汗为妥。

FOLLOWING CHAMPION TO SKI

六、高山滑雪的导入技术

高山滑雪2

　　穿上笨重的滑雪鞋及很滑的长长的滑雪板，站在雪面上，脚下会有站不住的感觉。这时不必慌张，只要积极地在雪面上进行一些滑雪导入技术的练习，问题便可得到解决。

　　导入技术是滑雪者适应器材、感悟雪性、减轻恐惧的必修课，必须全身心投入。导入技术的训练首先应在平地或很缓的坡面上进行。

（一）穿雪板站立姿势

　　穿雪板站立姿势的含义：穿雪板站立姿势是滑雪者进入雪场后应持的基本体态姿势，分平地站立姿势与斜坡站立姿势。

　　1.穿雪板平地站立姿势：

　　（1）身体放松，自然站立。

　　（2）双雪板平行，间距不超过胯宽，放平，共承体重，重心居中，压力均匀。

　　（3）双雪杖分别立插于雪板两侧。

　　（4）目视前方。

2. 穿雪板斜坡站立姿势：

（1）双雪板平行横在山坡上，与滚落线垂直，山上板较山下板位置略高并可稍前于山下板半脚距离。

（2）双膝微微向山上侧倾斜，山下板立住内刃承担主要体重，刻住雪面；山上板立住外刃刻住雪面。

（3）上体微微向山下侧，与立刃的雪板对应横倾和转向，形成微小的反弓反向姿势。

①

②

③

④

（二）穿雪板原地改变方向

1. 原地变向是指滑雪者在平地或坡面上处于非滑行的"静态"状态下改变方向。原地变向的方法是将板尾或板尖依次向一侧移动展开，逐步改变方向。熟练后，也可一次完成较大角度的变向。

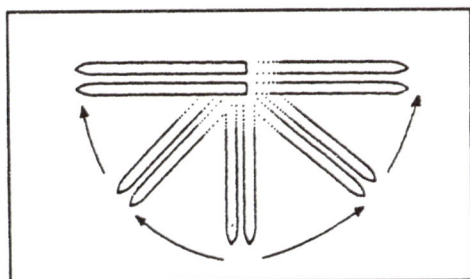

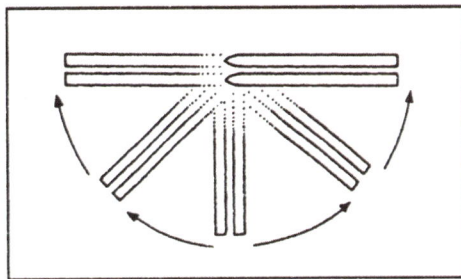

①

②

③

④

⑤

⑥

2. 板尾或板尖展开变向：

（1）板尾展开变向和板尖展开变向运用于较平坦的雪地，其方法相近。

（2）动作要领：无论板尖展开变向还是板尾展开变向都要注意雪杖的位置，板尖展开变向时雪杖支撑位置应在体前。初练时雪板一次展开距离不宜过大，应随着对雪板的适应再逐渐加大展开的角度。在展开雪板时，重心要明显地放在支撑腿上。

（三）180度向后转

1. 180度向后转除用于平地外，还多用于中、陡坡，其特点是后转速度快。变向动作有雪板前转180度变向和雪板后转180度变向。

2. 前转180度变向动作

（1）呈穿板站立姿势，雪板与滚落线垂直。

（2）双雪杖稍前移至体前两侧支撑，左板后部提起向后稍摆。

（3）右板承重，左板向前上踢成立起状态。

（4）将直立的左板以板尾为轴心向左外侧转动约180度，在右板内侧着地并承重，左雪板转动的同时，上体跟着左转约90度。

（5）体重移至左腿，右板抬起从左腿后侧通过并力争也转动180度，放到与左板同一方向并平行的位置上。上体随同右板再左转约90度。

（6）双板同时承重，完成了向后转体的目的。

（7）两雪杖在体侧根据转向情况顺势支撑，维持平衡、协助后转，雪杖不要影响雪板的动作。

（8）滑雪杖妨碍雪板转动和雪板不垂直滚落线时，后转是不可能顺畅进行的。

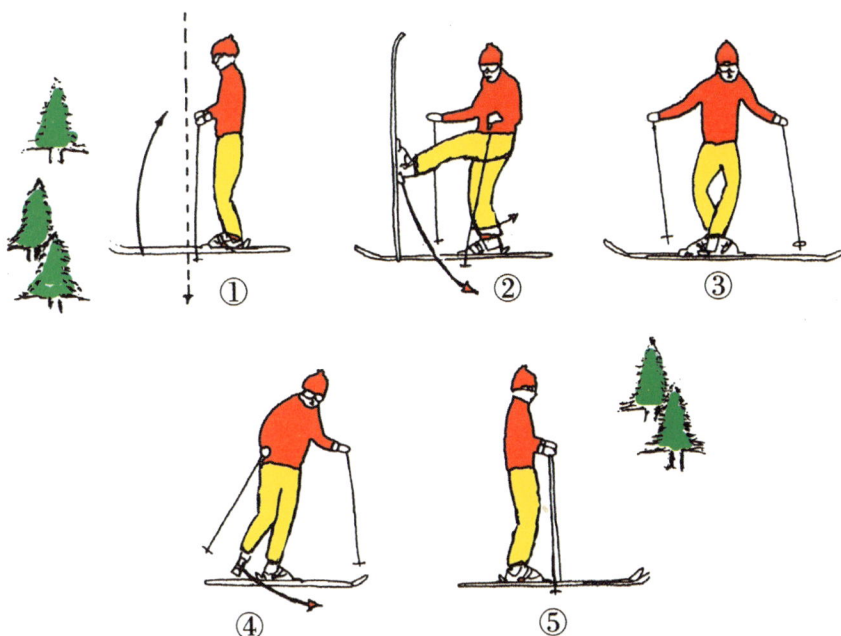

FOLLOWING CHAMPION TO SKI

①

⑤

②

⑥

③

⑦

④

①-④左后转
⑤-⑦右后转

（四）平地走滑

1. 在平整的雪地上呈穿板站立姿势。

2. 如同在陆地上行走一样，左右雪板交替向前走动或滑动，左右雪杖在体侧交替撑动。

3. 身体微前倾，落地的前雪板承重，后雪板起到蹬动的作用。

4. 移动步伐逐渐由小变大。

5. 前雪板逐渐由走动变为滑动，此时上体应跟上。

6. 平地走滑也可以只穿一只滑雪板，不穿板的脚在雪地连续蹬动，推动滑行。

7. 平地走滑时，应避免提板过高，腿与身体直立，臂与腿"同顺"。

（五）平地侧向移动

1. 在平整的雪面上呈穿板站立姿势。

2. 双雪杖垂直插于距体侧远一点的地方。

3. 左（右）板承重，提起右（左）板向右（左）平行横移，然后落地并承重。

4. 再次提起左（右）板与右（左）板平行并排落地，双板平均承重。

5. 双雪杖提起侧移，为下一个移板动作留出空间，不能影响雪板的移动。

① ②

③ ④

（六）坡面上的侧向移动

　　如果站立在坡面上，在横向移动时要增加雪板刃的刻雪，双膝向山上侧做微微轻顶的动作。（动作要领参见横板登坡技术）

FOLLOWING CHAMPION TO SKI

①

②

③

④

（七）同时推进滑行

1. 同时推进滑行是指双雪杖同时向后撑动，推进滑雪板同时向前滑行。

2. 动作要领：

（1）在平整的雪面上呈穿雪板站立姿势。

（2）双膝前顶，上体微前倾，双臂带动雪杖伸直向前摆送。

（3）双雪杖尖插到固定器前部外侧后同时撑动，上体及两肩同时下压，加大撑杖力度，直至双臂向后撑直。

（4）相对静态向前滑行。

（5）雪杖收回直接再向前摆送，上体直起，重心升高，再进行第二次推进滑行。

七、穿雪板登坡技术

（一）横登坡

1. 含义

横登坡是指双雪板平行地横在山坡上，基本与滚落线垂直。横登坡技术是高山滑雪基本功训练的内容之一。

2. 动作要领

（1）呈斜坡"穿雪板站立姿势"。山下板立住内刃，山上板立住外刃，用此双刃轮换承重刻住雪面。

（2）双雪杖插于体侧较远处支撑维持平衡，滑雪杖一般不参与动作，也可以与同侧的雪板同步横移。

（3）山下板内刃承重时，提抬山上板向上迈移一定距离后落地，并用外刃刻雪和承重。

（4）提抬山下板向山上板平行并拢，接着用内刃刻雪承重。再提抬山上板向上迈出。

（二）八字登坡

1.含义

八字登坡是指面对山上，两只滑雪板呈倒八字立内刃状态，逆着滚落线直线向山上登坡。

2.动作要领

（1）身体面向山坡，两只滑雪板前部向外展开呈倒八字形（剪刀式板型），双板内刃刻住雪面，身体左右对称。

（2）双手手心握住雪杖握柄的顶端，将双雪杖撑于体后两侧，防止雪板向后倒滑。

（3）左板内刃刻雪承重，提抬右板向上迈出，同时撑动右（同侧）雪杖，左雪杖前提，上体微倾，向前跟住。

（4）右板落地，内刃刻雪承重，提抬左板向上迈出，同时撑动左（同侧）雪杖，右雪杖前提，上体微倾，向前跟住。

（5）注意板后端不要交叉，迈出的步幅不宜过大，以防脱滑。

①

②

③

④

②

背面

①

②

侧面

①

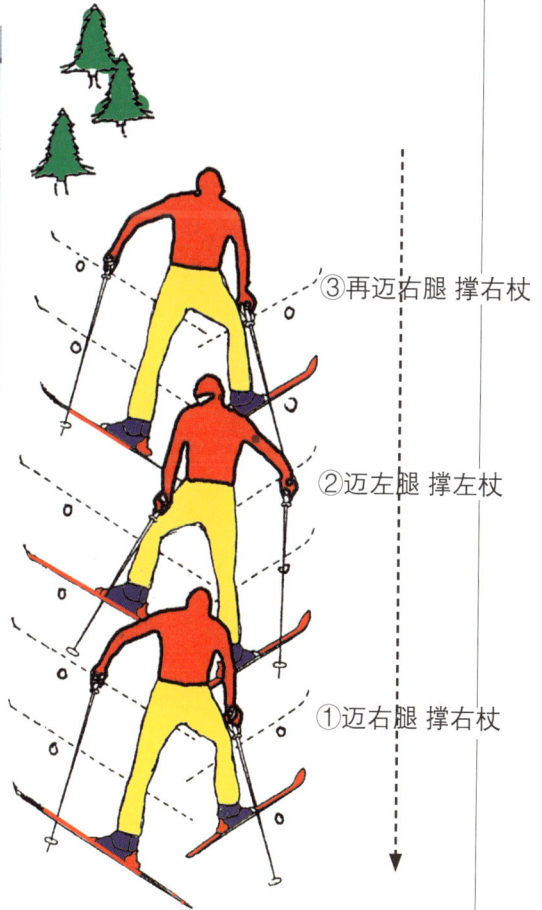

③再迈右腿 撑右杖

②迈左腿 撑左杖

①迈右腿 撑右杖

（三）半八字斜登坡

1. 含义

半八字斜登坡是指斜对滚落线，一侧雪板呈半八字状态的斜登坡。

2. 动作要领

（1）身体斜对着山坡，一侧雪板前部向外展开呈倒八字形（半剪刀式板型），另一侧雪板正对登坡方向。

（2）抬起一侧板或不抬起向斜上方挪动或滑进，另一侧雪板为力源。

（3）用一侧雪板刃刻住雪面时，雪杖在后侧撑推。

八、高山滑雪滑降的基本姿势

滑雪滑降的基本姿势是在"穿雪板自然站立"姿势的基础上增加几个简单的动作，这种姿势要求身体放松，利用骨骼支撑，视野开阔。这样做便于调整控制，不易疲劳，被视为是滑雪实际技术的首要内容，几乎应用于滑雪技术的全领域，对高山滑雪的各种技术有着决定性的、长久的影响。

（一）初学者及普遍情况下的基本姿势

1. 呈"平地穿雪板站立姿势"，身体放松，双雪板平行放平，受力均匀，两板距离约同胯宽。

2. 双脚掌或双脚弓处承担体重，并实实地将雪板踩住，两侧重心居中。

3. 双膝前顶带动全身体前送，膝部有弹性地调整姿势。

4. 臀部上提，收腹，上体微前倾。

5. 微提起双雪杖，双手握杖置于固定器前部外侧，与腰部同高，微外展，杖尖不拖地，肩放松。

6. 目视前方10～20米的雪面。

7. 滑雪基本姿势"架势"好摆，但滑行中维持不变较困难，应反复练习，形成习惯。

正面

背侧面

滑雪的基本姿势

（二）中级水平学习双板平行转弯时的基本姿势

在进入学习双板平行转弯点杖阶段、进入中级水平之后，基本姿势应适度"压缩"，便于上下肢的配合，适应较快速滑行。

快速双板平行转弯时的姿势

九、高山滑雪滑降技术的分类

　　高山滑雪滑降是基本顺着滚落线由上向下地滑行，通常是只靠重力加速的滑行。滑降技术是高山滑雪的基本技术，是滑行速度最快的技术，应用于高山滑雪乃至其他滑雪项目的诸多技术领域。

（一）以滑降的路线方向分类

　　1. 直滑降： 直滑降可运用的技术包括双板平行直滑降、双板平行横滑降、犁式直滑降等。

　　2. 斜滑降： 斜滑降可运用的技术包括双板平行斜滑降、犁式斜滑降等。

双板平行直滑降

犁式直滑降

犁式直滑降

犁式斜滑降

双板平行直滑降

（二）以雪板滑降时的板型分类

1. 双板平行直滑降。

2. 双板平行斜滑降。

3. 双板平行横滑降。

4. 犁式直滑降。

5. 犁式斜滑降。

横滑降

双板平行斜滑降

（三）以身体姿态分类

1. 基本姿势（高姿势）滑降。

2. 中姿势滑降。

3. 竞技流线型（低）姿势滑降。

①高姿势滑降

②中姿势滑降正面

③中姿势滑降侧面

④竞技滑雪低姿势滑降

十、双板平行直滑降

起滑前站稳

双板平行直滑降是保持着滑雪基本姿势的状态下的滑降，简称为直滑降。双雪板呈平行状态，雪板底面与雪面吻合，与滚落线方向相同，主要靠自身的重力向下滑行。

（一）直滑降技术的动作要领

1. 起终点的选择

首先选起点平坦、能稳定站住的地方起滑，如果有坡度，可以用双滑雪杖在体前逆向撑住。选择能在终点自然停住的滑雪道为最好。

2. 滑行中始终保持住基本姿势，全身放松，依靠重力下滑，体态左右对称，重心在两板中间，保持双雪板运行的直线性。

3. 保持双雪板平行板型，板面与雪面吻合。双脚用力均衡，踏实雪板。

4. 双膝始终要切实前顶，富有弹性，不要僵直，时时发挥其缓冲及调整的功能。

5. 选用滑降姿势要从实际出发，量力而行，初级阶段以及在慢速、缓坡中应以基本姿势（高姿势）为主；进入中高级时方可在陡坡快速滑降中采用中姿势。

57

前侧面

背侧面

FOLLOWING CHAMPION TO SKI

（二）双板平行直滑降的练习方法

1. 通过膝踝部的伸屈进行重心上下起伏及小跳起的练习。

2. 通过顶住双膝、上体前倾与后撤的变化进行重心前后移动的练习。

3. 两板轮换承重滑行，进行重心左右移动的练习。

4. 双雪板同时立起内刃的滑行练习。

5. 滑行中雪板向一侧迈动的滑行练习。

6. 在缓坡进行上体左右扭转的练习。

以上的练习十分必要！

双手平举雪杖的练习

勿贪高

提左板的练习

勿贪快

提右板的练习

（三）直滑降的注意事项

1. 在练习中要注意体会重心上、下、左、右、前、后移动时对雪板产生的影响及掌握对雪板的控制方法。

2. 在雪坡、雪质、速度的选择上必须循序渐进，由易到难，防止一味追求速度的倾向。

3. 在大众滑雪道内禁止直滑降。

重心升高

重心降低

重心向右侧移动

（四）直滑降的错误动作

膝部僵直、弯腰、后坐、双板不平行、目视脚下、体态不对称、夹杖都是滑降时易犯的技术错误。

错误的滑雪姿势一旦形成，很难改正！

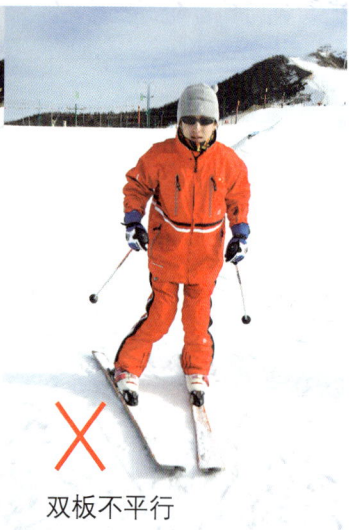

后坐　　　膝僵直

目视脚下　　　弯腰

夹杖　　　左右不对称　　　双板不平行

十一、犁式直滑降

犁式直滑降又可称为犁式制动滑降，是双雪板立起内刃并呈犁式板型与滚落线方向一致的滑降。犁式直滑降是高山滑雪的典型基础技术，非常重要，必须给予足够的重视。

（一）犁式直滑降的动作要领

1. 在一个能立住的缓坡上呈滑雪基本姿势，在下滑过程中躯体和手臂保持不变。

2. 以双板前尖为假想圆心，双雪板为半径，双足拇趾跟部球状处为力点，双脚跟同时向外辗转，将双雪板后部同时外推，板尖相距约10厘米，双雪板呈犁式板型。双膝稍屈并略有内扣，双腿中轴线与雪面呈等腰三角形，两雪板在雪面上也呈等腰三角形。

犁式直滑降的基本姿势　　　　双脚黑色部分为用力部位

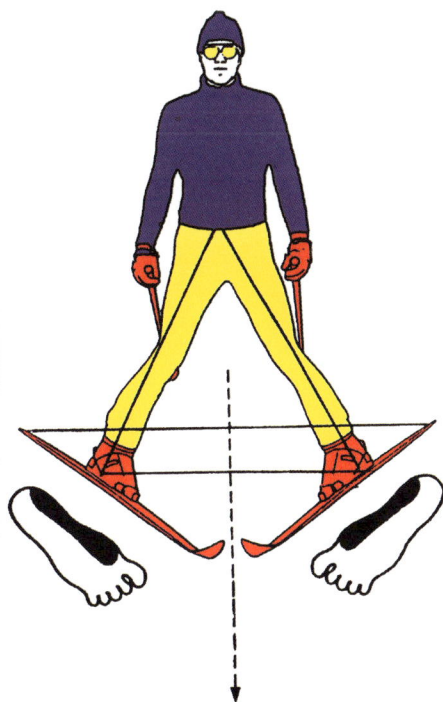

正面

背面

　3. 双雪板呈犁式后，要确切立住内刃，靠双脚内侧均衡用力滑行，大、中、小犁式变化时靠双足拇趾跟部为力点辗转。

　4. 重心位于两板中间，体态的左右外形、双腿的用力多少、双雪板立刃程度、双雪板尾向外辗转的大小均应对称。

　5. 上体放松，目视前方雪面。

　6. 犁式滑降前后的重心位置，根据速度、坡度、雪质、用途的不同，随时应做相应的移动。

　7. 犁式滑行中除调整犁式的大小外，还可通过肌肉的内力对雪板刃施力的大小及立刃的强弱进行调整，达到控制速度、维持平衡的目的。

①

63

犁式变双板平行的练习

②

（二）犁式直滑降的练习方法

1. 首先以中犁式在速度低、坡度缓的场地上反复练习，逐渐提高滑行难度。

2. 与双板平行直滑降转换练习。

3. 大、中、小犁式板型互相转换练习。

4. 改变立刃大小的反复练习。

5. 改变用力大小的反复练习。

6. 加大犁式滑降的幅度和强度，进行减速与停止的练习。

③大中小犁式之间转换的练习

①

②

双板平行变犁式的练习

（三）犁式直滑降的注意事项

始终要保持住犁式滑降的基本姿势及两个等腰三角形大体上没有变化，体态左右对称。参见本书十一（一）犁式直滑降的动作要领。

（四）犁式直滑降的错误动作

弯腰大、不顶膝、立不住板刃、大扣膝、后坐、控制不住犁式板型等都是常见的错误。

弯腰大

扣膝

后坐

控制不住板型

十二、双板平行斜滑降

双板平行斜滑降是指与滚落线形成一定角度，以双板平行的方式向斜下方滑行，通常称为"斜滑降"。斜滑降技术是高山滑雪重要的基础技术。

（一）斜滑降的适用范围

1. 适用于不同坡度和不同雪质的滑行。

2. 体验双板平行转变技术，特别是身体外倾外向的反弓型姿势及雪板立刃的初步感觉，为学习双板平行转弯创造条件。

3. 大量用于双板平行连续转弯的连接过渡阶段。

向左斜滑降

向右斜滑降

（二）双板平行斜滑降的动作要领

1. 呈在坡面上的滑雪基本姿势，斜对山下方向。

2. 山上膝稍前，双膝向前上方倾斜压送，双雪板山上刃刻住雪面；山下侧板承重大些；为了维持平衡，上体稍向山下方向横倾和扭转，形成反向反倾反弓型姿势。

3. 保持这种姿势，提起滑雪杖向下斜滑，在滑行过程中时时注意踩实雪板，保持滑行的直线性。山下板承担主要体重。

4. 在保持小"反弓型"姿势的同时，要想象成双肩连线、髋部的两侧连线、双膝的连线与山坡坡面线形成的四线基本平行。

5. 斜滑降时"反弓型"姿势的变化和用刃要根据斜滑的速度、斜度、雪质而协调一致。

6. 两臂自然放松，微提起雪杖，斜滑降中滑雪杖只起加速作用。

7. 目视滑行方向前方约10米处雪面。

（三）双板平行斜滑降的练习方法

1. 在直线斜滑降中分别采用山上侧板外刃主要负重和山下侧板内刃主要负重的交替练习，体会两腿互换负重时的滑行感觉。两板交换负重时，不负重一侧的板也可抬起。

2. 在斜滑降中，进行左、右转体动作，转体动作幅度可逐渐增大，以提高下肢对雪板的控制能力。

3. 将双雪杖放在一起，平举在胸前或扛于肩后，体会反弓反向姿势的要领。

4. 各种练习中，要牢牢控制住正确的小"反弓型"姿势。

肩扛雪杖的练习

向山下侧转体的练习

（四）双板平行斜滑降的错误动作

双板平行斜滑降常出现的动作错误有：大弯腰、后坐、雪板不立刃、雪板不平行。

大弯腰

后坐

雪板不立刃

雪板不平行

十三、犁式斜滑降

用犁式滑降的姿势与滚落线成一定角度的滑降称为犁式斜滑降。

（一）犁式斜滑降的应用范围

1. 初学者在缓坡上的安全练习。

2. 初学者在较陡的坡面上滑行。

3. 体会形成转弯主动板的感觉。

（二）犁式斜滑降的动作要领及练习方法

1. 呈犁式滑降姿势，斜对滚落线向下斜滑行。

2. 山下板的承重及立刃均略大些，身体的形态不完全对称。

3. 将双板平行斜滑降、犁式斜滑降、犁式直滑降转换练习。

向左犁式斜滑降的动作

向右犁式斜滑降的动作

十四、横滑降

运用在坡面站立的姿势，双雪板平行横在山坡上与滚落线大致垂直，沿着滚落线方向的滑降称为横滑降。横滑降技术是高山滑雪重要的基础技术。

（一）横滑降的应用范围

前横滑行

1. 掌握通过板刃的调节，对速度和方向进行控制的能力。

2. 在陡坡光面的滑雪道上，其他滑行方法有困难时，可采用横滑降技术。

3. 对身体反倾、反向、反弓姿势的体会。

横滑行

后横滑行

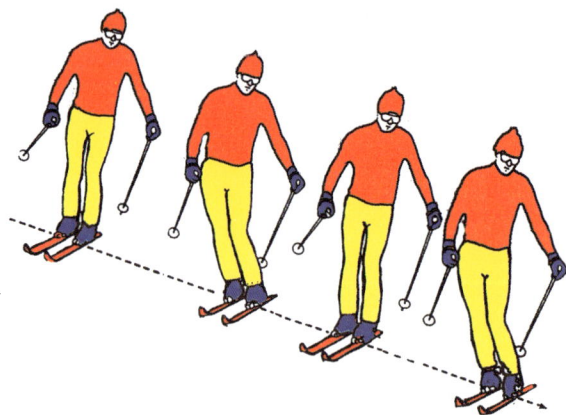

（二）横滑降的动作要领

1. 呈坡面穿雪板站立姿势，两板尽量平行靠近，山上板稍前半脚。

2. 身体侧对滚落线方向，与斜滑降相比上体有更大的向山下扭转的感觉。

3. 双腿基本直立，由双雪板山上侧刃刻住雪面，山下板通常承重大些。通过调整雪板立刃角的大小控制下滑的速度。加大立刃时减速，放平雪板时速度增快。

4. 滑雪杖基本不用。

5. 重心前移，雪板向前下方滑动；重心后移，雪板向后下方滑动。

前后横滑行的变化

横滑降的姿势

（三）横滑降的练习方法

1. 在中坡上进行匀速横滑降练习。

2. 在中坡上进行直滑降与横滑降之间互换的练习。

3. 在中坡上进行两板山上侧板刃交换承重的练习。

从斜滑降变为横滑降

斜滑降变为横滑降

（四）横滑降的注意事项

1. 横滑时先慢后快，先易后难。

2. 在较陡的坡面练习横滑时，尽可能控制住速度。

3. 横滑降的错误动作：

双雪板不平行、雪板立不住刃、雪板间距离过宽、雪杖不提起甚至与雪板"打架"等动作都是易犯的错误。

双雪板不平行

雪板间距离过宽立不起板刃

十五、滑降技术的综合运用

从山顶向下滑行，会遇到不同的地形，如突陡地形、突平地形、沟凹地形、凸包地形、连续起伏地形等。这些多变的地形，会形成不同的滑行速度。滑雪者须对重心进行迅速的调整，采用熟练的相应的滑行技术，方能安全顺利滑过。

（一）滑降综合技术的运用

1. 综合运用各种滑降技术，及时调整滑降的技术动作重心位置及身体的姿势。

2. 速度突然增快（如遇到突陡坡）时，重心要及时向前跟上，防止后仰。

3. 速度突然减慢（如遇到突平地形）时，重心要及时向后调整，防止前翻。

4. 大坑凹地形应以飞越的方式滑过。

5. 坡顶突凸地形或绕不过去的障碍物，应以跳起的方式越过。

（二）特殊地形的滑降技术

1. 重心随地形变，平行两条线

在滑过一段连续起伏不平的山坡时，滑雪者重心运动的轨迹大致呈纵向的一条曲线，地形低凹时姿势高重心高，地形高凸时姿势低重心低，这条曲线与该山坡的地形起伏线大致平行。

重心随着地形变

①

②

③

2. 在陡坡上滑降的方法

在陡坡或速度过快的坡面上滑行时，滑行姿势要低一些，应采用转弯及犁式直滑降、斜滑降、横滑降等技术，降低或控制住速度，而不可直冲。

十六、滑降中的加速、减速与停止

竞技滑降项目要求运动员全速滑行，从起点以"流线型"低姿势奋力冲向终点，由于过快，中间还可能有腾空的现象。

大众休闲滑雪者，切记在绝大多数情况下滑雪是控制速度的匀速滑行，根据实际情况及时进行加速、减速与停止非常重要，就如同驾车在高速路上行驶时必须根据实际情况"提速""减速""刹车"一样。

（一）滑降中的加速

1. 采用同时推进技术加速

滑降的起始与途中都可采用同时推进的技术进行加速，这种方法只适于低、中速，中缓坡。如果在快速滑降中使用，不但起不到作用，形成滑雪杖"空撑"，流于形式，而且很易破坏平衡，造成失误。

2. 蹬冰式技术加速

蹬冰式技术经常用于快速滑行中的加速，效果比同时推进要好。蹬冰式技术与滑冰的技术动作很相似，只是有滑雪杖的撑动。

蹬冰式技术需要具备良好的单腿支撑平衡能力及雪杖支撑与腿部蹬动间的协调能力。

① ② ③ ④

（二）滑降中的减速

滑降中有时需要减速，滑降速度超过滑雪者的适应能力和控制能力时，是非常危险的。

滑降中的减速要根据滑行速度、地势坡度采用不同的技术方式。初级阶段主要运用犁式滑降技术来控制速度。

用中犁式控制速度

① 采用大犁式停止 ②

（三）滑降中的停止

1. 滑降中，在停止之前，必有一个制动减速的过程，这个过程可能是急剧的，也可能是分步的、逐渐的。

2. 停止的具体方式

（1）自然停止。终点区平坦开阔，有平地或逆坡时可自然停止。

（2）慢速（缓坡）中用大犁式滑降技术停止。此时应加大两雪板分开的角度，强化立刃，腿伸直，双脚内侧蹬住雪板，必要时用双脚后跟蹬住雪板。

（3）用绕山急转弯及踏步转弯技术停止。

（4）中高级滑雪者则多采用双板平行转弯技术减速和停止，这种技术可在速度很快时停止。

绕山急转弯停止   双板平行转弯停止   急剧停止

十七、高山滑雪转弯技术的普遍原理

高山滑雪4

利用适宜的动作使滑雪板在山坡上改变方向的滑行即为滑雪的转弯。转弯时雪板在雪面上运行的轨迹是连续的"S"形曲线。转弯是高山滑雪技术的重点、关键和精华，蕴含着无穷魅力。各种转弯技术有着相同的原理，有着紧密的内在关系。

（一）高山滑雪转弯的分类

转弯技术的分类大致如下：

1. 转弯技术按动作幅度及滑行曲线的大小可大致分为：大弯、中弯、小弯。

2. 按数量分为单一转弯、连续转弯（多个转弯连贯起来）。

3. 按转弯时雪板的板型及动作结构的不同主要分为：

　　（1）犁式转弯

　　（2）半犁式转弯

　　（3）踏步式转弯

　　（4）绕山急转弯

　　（5）蹬冰式转弯

　　（6）双板平行转弯

　　（又含多种方式）

　　（7）卡宾式转弯

　　（又含多种方式）

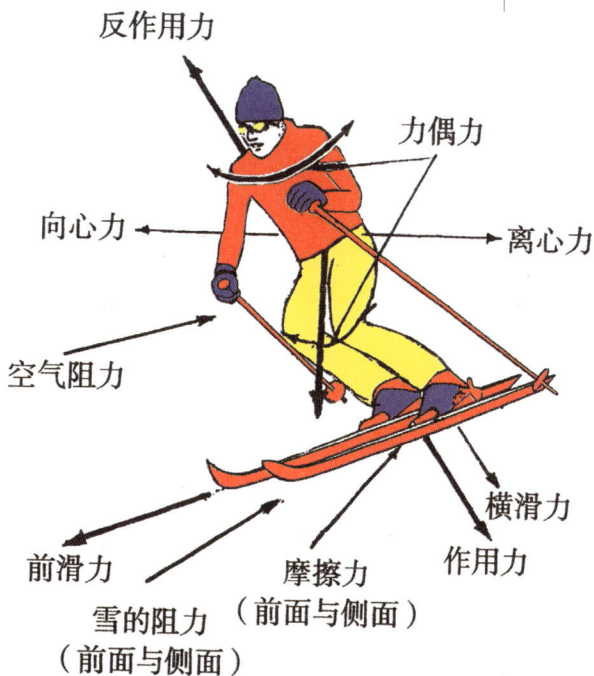

转弯时力的表现

（二）滑雪板能转弯的要素

1. 雪板形成的迎角。迎角引导滑雪板向新的方向滑行，主动板形成的迎角才是有效的。

2. 雪板立刃形成立刃角。如同骑自行车，在转弯时车体向转弯内侧倾斜，身体重心也向里侧移动。

3. 给予一定的力（想象为滑力与阻力、作用力与反作用力、向心力与离心力等各种力综合成的一种力）。如同骑自行车时，车体的倾斜须加以重力等。滑雪的力主要是通过使板刃立起向雪板施压。滑雪者在转弯时的受力是多维的，很难有一个量化的测定，改变每一个动作，都会引起力的方向与大小的变化。

4. 雪板自身的几何形状、性能（雪板侧面前、中、后宽度的比例与弹性以及边刃的角度状况等）以及给予压力后的可变形程度（产生应力的大小）。

5. 滑雪者的身体姿势与重心位置决定转弯的准确性及连续性。如同骑自行车，骑车人身体的姿势不正确，即便具备了其他要素，也转不了稳妥、流畅的弯。

十八、犁式转弯

①

犁式转弯是在犁式直滑降的基础上，通过向一侧雪板移动体重（即重心）等方式进行的转弯。犁式转弯是滑雪转弯的"源头"，对进一步学习、掌握其他转弯技术有非常重要的意义。

犁式转弯给人一种相对"静态"的感觉，身体各部分动作没有明显的变化。

（一）犁式转弯的应用范围

②

1. 初步体验和强化通过移动重心、对一侧雪板的蹬动、变化立刃大小改变雪板迎角的感觉。

2. 掌握和提高滑行中控制速度及方向的意识与能力。

3. 广泛应用于缓坡低中速及几乎所有雪质的滑行。

4. 适宜于所有人群学习和应用。

5. 为学习其他转弯，特别是双板平行转弯积蓄经验及奠定基础。

6. 提高滑雪的安全程度以及增强兴趣和信心。

犁式转弯中身体处于"静态"

③

（二）实现犁式转弯的方式

1. 向一侧雪板移动体重（即重心），促使该雪板成为主动板，形成犁式的自然转弯，以这种方式转弯最为容易和便捷。

2. 在犁式直滑降状态中，强化一只雪板的施压用力，促使该雪板较大变形进而实现犁式自然转弯。

3. 在犁式直滑降状态中，增大一侧雪板的迎角，促使该雪板成为主动板，实现（小半径）犁式转弯。

向右板移动重心，便向左侧转弯　　　　　　改变左板迎角，便向右侧转弯

（三）犁式转弯的动作要领

1. 以移动体重（即重力、重心）或强化对一只雪板的施压的方式向左的犁式转弯

（1）以保持住犁式直滑降的姿势为前提，左右腿始终保持住两个等腰三角形的基本状态，双脚内侧均等用力，不要后坐。

（2）向右侧雪板移动重心（加大右雪板负重），此时左雪板减轻负重或不负重。

（3）右雪板必然开始向左自然转弯，成为转弯的主动板；同时左雪板被动地跟

向左板强化用力，便向右侧转弯

随着右雪板向左转动，成为从动板；上体尽量保持面向山下。

（4）向左转弯完成之后，延续一段向左的犁式斜滑降。

（5）准备向右侧转弯，此时可进行"引伸"。

（6）向左侧雪板移动重心（加大左雪板负重），此时右板负重减轻或不负重。

（7）左雪板必然开始向右自然转弯，成为转弯的主动板；同时右雪板被动地跟随着左雪板向右转动，成为从动板；上体尽量保持面向山下。

（8）向右转弯完成之后，延续一段向右的犁式斜滑降。

FOLLOWING CHAMPION TO SKI

向左转弯

向右转弯

① ② ③ ④ ⑤

② ③ ④

右雪板改变（增大）迎角向左转弯

2. 以改变迎角的方式进行犁式转弯

迎角是通过腿、脚的扭动实现的，扭动过程中以双脚拇趾跟部为力点，以雪板尖部或脚下为圆心，使雪板的板型发生变化形成迎角。迎角的大小要根据需要酌定和掌握。

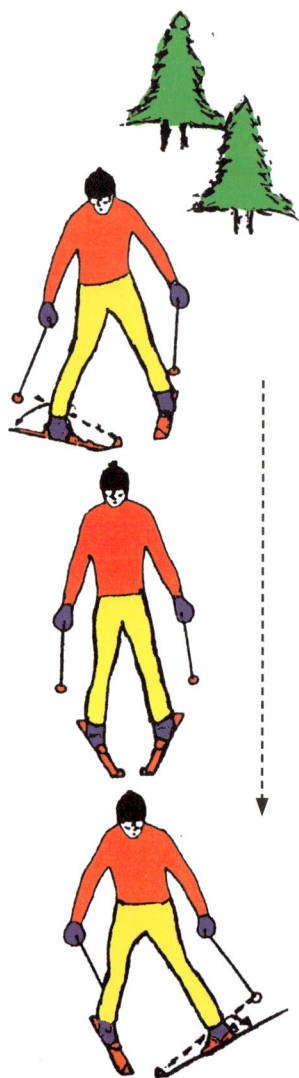

左雪板改变（增大）迎角向右转弯

①

②

③

（四）犁式转弯的练习方法

1. 用手部动作促使转弯的练习

在缓坡慢速中，进行靠左侧、靠右侧轮换移动重心的转弯，靠左侧、靠右侧雪板轮换加大立刃的转弯，靠左侧、靠右侧雪板腿部轮换蹬推的转弯，靠左侧、靠右侧雪板轮换改变迎角的转弯，最后达到熟练的综合运用。

④

⑤

⑥

①

②

2. 用手触压主动腿膝盖的练习

在缓平坡上进行用手交替触压主动板侧的膝盖，导致向左、向右转弯的练习。此时不持雪杖，姿势适当降低。

③

④

②

①

3. 用双手握住双雪杖的两端，横在胸前或扛在肩上或背在腰后，尽量使雪杖与滚落线垂直。此练习的目的是控制住上体。

4. 在缓坡与中坡上进行小转弯与大转弯互相转化的练习。

②

①

①

②

用滑雪杖控制身体运行的练习

（五）犁式转弯的注意事项和质量评价

1. 犁式转弯的注意事项

（1）在犁式转弯的练习中，时时注意保持住犁式直滑降姿势基本不变。

（2）在练习中始终注意主动板的立刃与用力。

（3）犁式转弯中的视线应大致与转弯的方向相同。

（4）两个犁式转弯的过渡阶段中（处于犁式斜滑行），应有引伸的动作，也可以结合点杖，点杖时机应在重心左右交换之前。

2. 犁式转弯的错误动作

犁式转弯易产生的错误动作除与犁式滑降相同的外，常犯的还有：上体随弯扭、立不住雪板刃、姿势变形、形不成主动板等。

3. 评价犁式转弯质量的内容

（1）双板的同时运动及正确的身体姿态。

（2）双雪板刃的运用效果。

（3）控制重心移动的幅度与时机的掌握能力。

（4）膝踝的扭转及用力大小的控制。

（5）连续转弯的动作质量，主要考虑弧的大小、
变化能力及流畅性。

（六）高级犁式连续转弯图示

1. ①、⑪转弯所处位置及方向完全相同，两者与⑥虽动作相同，但方向相反。都处于犁式斜滑行状态，山下侧雪板承重要大些，此时的动作既是上一个转弯的结束，又是下一个转弯的准备与开始。

2. ②与⑦是即将进入转弯的动作。在犁式斜滑行状态中，向转弯内侧"点杖"，并准备"引伸"。

左右对应的动作

①、⑪——⑥
②——⑦
③——⑧
④——⑨
⑤——⑩

4. ④与⑨基本成犁式直滑降状态，此时滑行速度最快，开始重心交换，在重心交换时，上体应微微向转弯外侧倾压，借以加大外侧雪板的承重。

滚

落

线

3. ③与⑧已点完雪杖，正在"引伸"，此时滑雪者姿势最高，重心也最高，斜滑的角度很小，转弯内侧雪板则用力稍大，并准备向转弯外侧雪板移动体重（重力），进行重心交换。

5. ⑤与⑩处于刚交换完重心，山下侧雪板（⑤中的右雪板，⑩中的左雪板）成为主动板，承重很大。此时滑雪者身体姿势最低，重心也处于最低位置。保持姿势继续向前斜滑行，流畅地完成转弯动作。

（七）犁式转弯直接向双板平行转弯的过渡

熟练掌握犁式转弯的各种要领及技术动作之后，以交换重心为主的方式，结合改变迎角和加强左右雪板轮换施压等方式，反复体会、磨炼从中犁式转弯到小犁式转弯，再到更小犁式转弯（此时可配合点杖）的动作，逐步缩小犁式板型便可过渡到双板平行转弯。

中犁式

小犁式

更小犁式

双板平行

十九、半犁式转弯

半犁式转弯是犁式转弯的发展，在犁式转弯中增加一个收并内雪板的过程。

（一）半犁式转弯的应用范围和板型结构

1. 应用范围

（1）广泛应用于中坡与陡坡，可在很高的速度中灵活运用，适用于多种雪质。

（2）适用于犁式转弯向双板平行转弯的过渡。

（3）通过半犁式转弯可以体验转弯时身体姿势、平衡的调整。

（4）通过半犁式连续转弯的练习，可以提高对重心移动、用力程序及雪板的推出、变刃、收并等动作的控制能力。

2. 板型结构

半犁式连续转弯的板型＝半犁式板型＋双板平行（斜滑降）板型。

①在半犁式板型状态下，蹬住左板同时收并右板，

②完成向右的半犁式转弯

（二）山上侧板推出的半犁式连续转弯的动作要领

1. 半犁式连续转弯可以理解为在左、右各一次半犁式单个转弯的中间通过一个双板平行斜滑降进行连接与过渡。

③呈犁式板型

④重力移到右雪板上，左雪板向右雪板并拢

①向右侧斜滑降

②山上侧（右）
板尾向外推出

2. 向左转弯

（1）呈向右侧斜滑降姿势滑行。

（2）在滑行中，右雪板（山上板）尾部向右外侧推出成半犁式。右雪板推出结束后，承重滑行。

（3）左雪板轻提雪面向右雪板并拢，重心降低，加大对右雪板的蹬踏力量。

（4）进入向左侧的双雪板平行转弯，即完成一个向左的半犁式单个转弯。

（5）接着进入向左侧的双板平行斜滑行或准备下一个转弯。

⑤转弯结束，向左侧斜滑降

3. 接着向右转弯

（1）呈向左侧斜滑降姿势滑行。

（2）在滑行中，左雪板（山上板）尾部向左外侧推出成半犁式，此时可点右雪杖并向前上引伸，体重随推出动作同时向左雪板移动。

（3）左雪板推出结束，即承重滑行。

（4）右雪板轻离雪面向左雪板并拢，重心降低，加大左雪板的蹬踏力量。

（5）进入向右侧的双板平行斜滑行，即完成一个向右的半犁式单个转弯。

（6）接着进入向右侧的双板平行斜滑行，并准备下一个向左的转弯。

（三）半犁式转弯的注意事项

1. 在转弯时的各阶段，上体均应尽力面向山坡下方（滚落线方向），防止上体过度外倾、随转弯扭转过大。

2. 如点杖，不要离身体过远。

3. 注意转弯时推板与重心（重力）移动的协调配合。

4. 半犁式转弯的收并板的时机，要根据速度、需求和技术水平而定，可以在通过滚落线之前（难度较大），也可以在通过滚落线之后（难度较小）。

①

②

③

向右转弯，转弯中上体尽力面向滚落线

二十、绕山急转弯

绕山急转弯属于单个转弯技术。这种技术是在双板平行斜滑降或在双板平行转弯的前提下，进行急剧的转弯动作，造成雪板绕着山腰，甚至最终雪板尖朝向山上的急速转弯，身体呈明显反弓型姿势。

（一）绕山急转弯的应用范围

1. 广泛用于快速转弯中滑行的停止。
2. 用于体会雪板的蹬推。
3. 用于体会反弓型姿势。

（二）绕山急转弯的动作要领

以向左转弯为例

1. 呈双板平行向左侧斜滑降姿势滑行，右雪板主要承重。转弯之前进行引伸，以便加大蹬踏力。

2. 降低重心，双膝同时向左上侧加大倾顶，加强雪板的蹬踏力，踏住雪板不松动，直至完成转弯。

3. 绕山急转弯的雪板尖应超过滚落线的横垂线，而朝向山上。

4. 滑雪杖可不参与动作。

①

②

⑤

③

④

（三）绕山急转弯的注意事项

1. 不要扭动臀部助力，要注重"纯下肢用力"。

2. 双雪板始终不要脱离雪面。

3. 要顺势而转，不能硬性扭动，试着把绕山急转弯动作体会成绕着一个小山包斜横滑行。

二十一、踏步转弯

踏步转弯是左、右雪板交替轮换承受体重，交替轮换提离雪面于空中向一侧改变方向的简易转弯方法，属无弧迹转弯。

（一）踏步转弯的应用范围

1. 初学者感受重心交换、左右雪板承重转换的感觉。
2. 应用在平坡、慢速、多种雪质中，特别适合体弱及越野滑雪人群。

（二）踏步转弯的动作要领

以向右转弯为例

1. 左雪板承重，右雪板提起向右前方迈出。

2. 右雪板落地承重，保持滑行状态，同时提起左雪板向前右方迈出，向右雪板跟并靠。

3. 左雪板落地，瞬间双雪板承重滑行，再次提起右雪板向前右方展开迈出。

4. 右雪板落地承重，保持滑行状态，同时再提起左雪板向前右方迈出，向右雪板并靠。

5. 提抬雪板没有蹬雪动作，只是交替向左挪动。

6. 滑雪杖提离雪面，不参加动作，也可试着加速。

（三）踏步转弯的注意事项

1. 每次提起雪板改变角度的大小，要根据实际情况而定。

2. 提抬雪板时不要太高，板尾一般不要离开雪面。

3. 动作不要模糊不清，一个动作完成后，再做下一个动作。

①提起右雪板向迈出

②提起左雪板向右雪板并拢

③再次提起右雪板迈出

④再次提起左雪板向右雪板并拢

二十二、蹬冰式转弯

蹬冰式滑行是移植滑冰的技术而形成的；蹬冰式转弯技术是一种特殊的转弯，属无弧迹转弯，蹬冰式转弯技术与蹬冰式加速技术类似。

蹬冰式转弯的板型是剪刀式板型，改变方向便捷，可边滑边动作边加速。

（一）蹬冰式滑行与转弯的应用范围

1. 提高单板滑动及支撑的能力。
2. 用于加速场合及不减速的单个转弯中。
3. 提高边滑行边加速边转弯的意识和能力。

蹬冰式滑行的基本姿态

FOLLOWING CHAMPION TO SKI

①

②

③

④

⑤

⑥

⑦

（二）蹬冰式滑行与转弯的动作要领

1.用滑雪杖推进的蹬冰式滑行

用滑雪杖推进的蹬冰式滑行是滑雪基本功训练的重要内容，也是蹬冰式转弯的前提。在连续的蹬冰式滑行中，左、右雪板是轮换蹬动轮换滑行的，没有双雪板同时在雪面上滑行的情形。

使用滑雪杖配合的蹬冰式滑行与转弯可按照蹬冰式加速的要求实施。

①

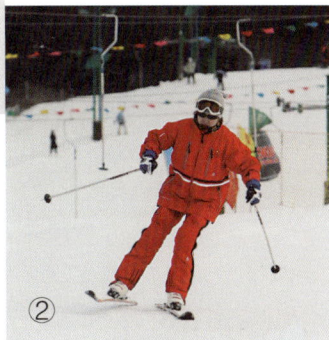

②

2. 不撑杖蹬冰式向右转弯

（1）呈滑雪基本姿势，面向山下或面向左斜下方站立。

（2）左腿屈膝，接着用左雪板内刃向左后方蹬动；同时提起右雪板向右前方扭转成一定角度（角度可大可小），迅速跨出。

③

（3）右雪板在新方向着地承重滑行，左雪板蹬动后再提起向右前方蹬出。上体跟住速度也向右前方移动。以上动作必须同时完成。

（4）左雪板落地承重滑行，如需继续向右转弯，可再屈腿蹬动，再向右跨出右雪板。重复（2）的动作。

④

（5）蹬冰式向右转弯，右雪板主要是跨出，左雪板主要是蹬动，两雪板作用有明显的差别。

⑤

⑥

3. 不撑杖的向左右连续转弯

（1）左雪板蹬动后提起，右雪板单独承重滑行。

（2）提起的左雪板向左转动成一定角度。

（3）右雪板迅速用内刃蹬动，左雪板增大转动角度，落地承重滑行，右板提起与上体一起向左跟随。此时完成了向左的转弯。

（4）提起的右雪板向右转动成一定角度。

（5）左雪板迅速用内刃蹬动，右雪板增大转动角度落地承重滑行，左板提起与上体一起向右跟随。此时完成了向右的转弯。

①

（三）蹬冰式转弯的练习方法

1. 先从平坡小幅度动作练起。

2. 先练不持雪杖的蹬冰式滑行技术。

②

（四）蹬冰式转弯的注意事项

1. 因蹬冰式转弯动作迅速，处于动的状况，稳度低，不易掌握，学习时要有耐心。

2. 重心始终要跟住转弯的速度和方向。

③

④

二十三、双板平行转弯

　　双板平行转弯是高山滑雪最普遍应用的核心转弯技术，双雪板始终呈平行板型，配以滑雪杖的点杖动作。它是左右有节奏的转弯滑行，有多种变通转弯滑行形式，能够很好地控制住速度，最能体现出高山滑雪的魅力。

（一）双板平行转弯的应用范围

1. 是高山滑雪控制速度及停止的最有成效的技术。
2. 基本不受速度、坡度、雪质的限制。
3. 可使滑雪者尽享无穷的乐趣。

②

①

③

（二）学会双板平行转弯的途径

可通过三种途径学习和掌握双板平行转弯。

1. 从犁式、半犁式转弯中自然过渡

从犁式、半犁式转弯中自然过渡是最常采取的途径，逐渐缩小犁式转弯中双雪板的分开角度，当角度近于零度时，便是双板平行转弯。

半犁式转弯中，逐步缩小推出雪板和收并雪板的幅度和速度，也会达到双板平行转弯的目的。

④

⑤

从犁式转弯中过渡

2. 从双板平行斜滑降中发展

在几乎垂直滚落线的双板平行斜滑降中，双膝主动地向山上侧顶压，用力蹬踏外雪板（山下板）内刃。其基本动作与绕山急转弯类同，但雪板扭转的角度要比绕山急转弯小得多。先左、右来回练习，熟练后可连贯起来，这时可体验到双板平行转弯的感觉。

①

②

③

3. 直接学习

这种直接地学习双板平行转弯的方法，可以使学习者省掉一些学习过程，较快地掌握双板平行转弯，在一部分人群中适用。这种方法直接将转弯中的平衡、重心交换、变换板刃、维护反弓姿势、掌握雪板运行方向等多种因素集中到同一时刻一起实施。采用这种方法学习时，用目前流行的"大头板"更容易

些。要特别注意防止留下错误动作的后遗症，而且在各种滑降能力（特别是双板平行直滑降、斜滑降、横滑降）达到较高水平时开始学习为佳。

动作要领如下：

（1）首先将两板的距离增宽，可略宽于两肩，立起双雪板内刃，使其平均承担体重，重心稍前移，在中缓坡上面对滚落线滑行。

（2）向一侧雪板（如右板）内刃施压，该板形成转弯主动板。

（3）施压的主动板进入（向左的）转弯状态。从动板原状跟随。不要追求完整的转弯。

（4）再向另一侧雪板（如左板）内刃施压，进行向右侧的转弯。

（5）再向左侧转弯。

从双板平行直滑降中入门

（三）双板平行转弯的动作要领

1. 以常规形式向左的小回转大弯的技术动作

（1）呈双板平行向右斜方向滑行，重心主要在左雪板上，两只雪板的间距约为10厘米。

（2）保持一定的速度，在进入左转弯之前稍微向下屈膝（引伸的预备动作），接着点左杖并引伸。

（3）随着点杖和引伸（引伸主要是通过膝部的伸展）的结束，顺势准备向左雪板交换重心，滑向滚落线。

（4）双雪板同时向左侧立刃，接着弯曲双腿，重心降落并向转弯内侧（左）移动，双膝同步向前内侧顶住或转动，上体面向滚落线方向。

（5）以右雪板为主承担重心，滑向滚落线后，右腿用力蹬踏住右雪板，使之发挥主动板的作用，左雪板立刃小些，承重也少些，成为从动板。

（6）向左侧的转弯结束，呈向左斜方向的滑行姿态，重心主要在左雪板上。

（7）继续向前屈踝、顶膝滑行，完成向左侧的转弯。准备向右继续转弯。

①

2．以常规形式向右小回转中弯的动作

（1）呈双板向左侧的斜横滑姿势，右雪板主要承重。

（2）保持一定的速度，在进入右转弯之前，向下屈膝。

（3）点下右雪杖，身体稍稍向前上方引伸，接着交换重心。

（4）双雪板同时向右侧立刃，弯屈双腿，双膝同步向前内侧顶压，上体向左外倾微扭转形成反弓形，重心下沉。用力蹬踏左雪板，左雪板主要承重，成为主动板；右雪板立刃小些，承重也少些，成为从动板。

②

③

④

（5）重心向转弯内侧移动，胯膝部向内侧倾，左板内刃加大蹬雪力度，右板外刃辅助蹬雪。

（6）继续向前屈踝、顶膝滑行，完成向右侧转弯。

快速转弯中点右雪杖的姿态

3. 双板平行转弯中的点杖技术

双板平行连续转弯中的点杖是转弯的"前导"，时机很重要，约在上一个转弯动作结束和下一个转弯开始时进行。

点杖应略早于引伸。点右雪杖向右转弯，点左雪杖向左转弯。点杖的位置根据转弯的大小、方式不同而不同，大致点在脚前40厘米，向外20厘米。

点杖主要用手腕及小臂进行，大臂要向前展伸。

准备点左雪杖

（四）精彩的双板平行摆动转弯

1. 双板平行摆动转弯是双板平行转弯的提高与发展，是高山转弯的精华。它比常规双板平行转弯更有节奏，更加刺激。

双板平行摆动转弯的动作主要体现在腿部的左、右摆动；动作左、右协调对称，膝部富于弹性，上体近似不动，只是沿着一条"锁死"的滚落线向下径直滑行；滑雪杖与雪板巧妙而充满节奏的配合，更使动作娴熟、完美、流畅。

双板平行摆动转弯更能体现出"转弯五原则"的精髓。

2. 双板平行摆动式转弯大致分为双板平行短半径摆动转弯、双板平行切刃短摆动转弯、双板平行蛇形小摆动转弯、双板平行跳跃式摆动转弯等。

双板平行蛇形小摆动转弯是通过膝部的弹性，紧贴一条假定的滚落线左右来回轻松地摆动，横向幅度很小的摆动转弯，所形成的板迹像一条蛇的形态。这种转弯是所有转弯中迎角最小的转弯。

短半径摆动转弯
节奏快

不点杖的蛇形小摆动转弯

跳跃式转弯

（五）双板平行转弯的练习方法

1. 在平整的中缓坡上进行1个转弯至2个转弯的练习。

2. 在平整的中坡上进行左右连续转弯的长时间反复练习。

3. 为限制上体随弯而转动，保持上体基本面向滚落线，促进重心交换，在双板平行转弯的练习中，可采用双手触压主动腿膝部，或双手体前

①

②

水平持杖的方式，练习中雪杖保持与雪面的平行，并力争垂直于滚落线。

③

④

提起左板

4. 在中坡上稍提起内雪板的转弯练习。

5. 大、中、小转弯相结合的练习。

6. 后者跟随前者转弯弧迹的练习。

这种练习可以避免转弯的随意性，提高准确性及趣味性。

提起右板

大弯

小弯

①

（六）双板平行转弯的注意事项

1. 双板平行转弯技术需要较快的速度。

2. 转弯中尽力控制住姿势，做到不变形，不"散架"，并且身体重心不能落后。

3. 注意点杖时机及与引伸、下肢动作的协调。

4. 学习双板平行连续转弯时，不要急于求成，应在要领上逐一领会，在动作上

②

③

④

逐一体会。

5. 切忌过早地在陡坡、快速、野雪、树林中贪痛快、寻刺激。

⑤

①

②

（七）快速点杖小回转

③

在双板平行转弯的技术能
力达到很高程度时，可进行快
速点杖小回转练习。

技术特点：节奏快、雪板
迎角改变小、引伸小。

④

⑤

⑥

⑦

⑧

双板平行摆动转弯

FOLLOWING CHAMPION TO SKI

（八）郝世花对滑雪小回转的感悟

1. 郝世花简介

郝世花曾是我国优秀的高山滑雪运动员，曾9次获得全国冠军，被国家派往美国、日本学习先进的滑雪技术。退役后她投身于大众滑雪行业，把专业与大众滑雪技术完美结合，现创立了郝世花滑雪学校。她的技术及对高山滑雪技术的感悟达到了很高的程度。她的小回转独具特色而有创造力，动作规范、优美、与雪共舞，深受广大滑雪者的崇敬。

2. 郝世花对小回转技术的感悟

（1）小回转就是围绕滚落线做小半径的转弯动作

小回转技术能较好地让滑雪者在狭窄、陡峭的山坡上安全滑行。基本技术动作原理同平行转弯一样，差别在于与滚落线的夹角较小，需要更频繁地转弯。所以，小回转是适应于所有山势地形的滑雪技术。

（2）动作要领：

①入弯时，髋、膝关节快速用力向下弯屈发力，双板刃（指山上刃）同时刻雪旋转，重心放在外侧板内刃上。

②出弯时，身体及髋、膝关节快速向滚落线方向打开发力（即引伸），同时准备点杖。

③转换临界点时腿部放松以便于滑雪板放平和转换。

④转弯时，内侧板（山上膝）向转弯方向引导，结合外脚踝（山下脚）的扭转力；外侧板（山下板）承担身体的重量，用力旋转板刃。

⑤上身朝向滚落线方向，臀部朝向山坡，整个过程中上半身保持方向不变。

（3）常见错误动作：

①点杖动作与转弯不能协调一致。

②转弯时，重心转换不准确。

③外侧板（山下板）不能与内侧板（山上板）保持平行。

④上身不能保持平稳，即不能保持面对滚落线的方向。

⑤髋、膝、踝关节弯曲角度不一致。

⑥臀部向里、外侧倾斜，转动。

（4）练习方法及步骤：

①横滑降：要求掌握上下半身分离控制，上半身朝向滚落线，控制平衡；下半身及板横向滚落线滑降，控制方向。

②点杖：点杖的位置，基本在滚落线方向离身体1米远处，这个角度最有利于转换重心，同时能引导重心的正确方向（板尖朝山下）。

③入弯及出弯：重心平衡完全调整好、重力掌控在山下脚时，下压髋、膝、踝关节，同时结合大腿肌和脚踝力旋转形成"转弯"，逐渐加快点杖频率和起降关节的频率，由大弯变小弯，控制点杖和关节起降的频率也就掌控了弯的大小。

（5）常见问题及解答：

①上下半身分离：分离的目的是让身体各部分分工明确，互不干扰。上半身保持平稳，面朝滚落线控制平衡；下半身控制雪板的立刃角度，掌控速度和方向。

②点杖的作用：点杖是滑行中的第一步，是引导重心转换的一个明确指示。

③引伸的作用：引伸(起重心)的目的是减轻板底压力，便于进行重心转换。

④转弯的作用：转弯的作用是在雪道滑行时，利用板刃的搓雪、旋转，来控制滑行的速度和方向。

⑤速度控制：通过转弯的频率和半径大小来控制速度的快慢。

⑥怎样判断转弯半径：如同画一个圆圈，以滚落线为轴对称分开两个半圆，来衡量左、右转弯的效果。

FOLLOWING CHAMPION TO SKI

二十四、双板平行大回转

高山滑雪5

①

（一）双板平行大回转的安全

　　大众滑雪不提倡过频的大回转练习，理由如下：

　　1. 出于安全考虑，大回转动作幅度大，速度快，对于身体素质要求高，易产生疲劳，一般的滑雪者不易掌握，而且受伤害的概率高。

　　2. 大众滑雪场的雪道面积有限，滑雪人数多，大回转的练习条件得不到保障。

　　3. 大回转的技术动作单一，只适用于在较平坦的滑雪道上滑行，趣味性低，局限性大。

②

③

④

⑤

（二）双板平行大回转的技术

双板平行大回转与双板平行小回转的大弯不是一回事，大回转有着自身的特点。

1. 滑行姿势低，视野窄。

2. 两只滑雪板间距大，约同胯宽。

3. 全程不使用滑雪杖。

4. 腿部力量消耗大。

5. 转弯半径大，克服离心力的难度大。

二十五、高山滑雪各种技术的相互关系

滑雪运动的技术内容丰富多彩、千姿百态，有平地技术类、下坡滑降技术类、转弯技术类、登坡技术类、空间技术类……

高山滑雪所包含的诸多技术间，是不是有些内在的关系呢？答案是肯定的。所以在学习高山滑雪技术的过程中，要从基础技术起步，从关键技术环节提高，进而带动滑雪能力的不断增长。

基础技术包括：滑雪的基本姿势、直滑降、犁式滑降、斜滑降、横滑降等。

关键技术包括：犁式转弯、蹬冰式滑行、双板平行转弯等。

卡宾回转技术相应容易和简单一些，但基本技术与传统的转弯技术基本相同。

对高山滑雪各种技术的相互关系领悟得越深刻，从中受益就越大，滑雪文化水平就越高。

高山滑雪各种技术间的相互关系可参见下表：

高山滑雪各种技术间的相互关系表

```
人体自然站立姿势 ─── 穿雪板站立姿势 ─── 滑雪基本姿势 ─── 双板平行直滑降 ─── 双板平行转弯/双板平行摆动转弯 ─── 大众大回转

穿雪板站立姿势:
    后向转180度
    前后走滑
    同时推进 ─── 原地踏步改变方向
    迈一步同时推进 ─── 踏步转弯

穿雪板站立姿势:
    横板登坡
    八字登坡
    半八字登坡

滑雪基本姿势 ─── 犁式直滑降 ─── 犁式转弯 ─── 半犁式转弯/半犁式连续转弯 ─── 蹬冰式转弯
    半犁式滑降

双板平行直滑降 ─── 横板滑降
    双板平行斜滑降

双板平行斜滑降 ─── 绕山急转弯
                  跳跃式转弯

大众大回转 ─── 卡宾转弯
```

① ②

二十六、滑雪转弯的基本原则

在高山滑雪的多种转弯技术中，我们时刻不要忘记高山滑雪转弯技术的五项基本原则。

（一）"重心不落后"的原则

重心的位置，一般应稳定在脚掌处与脚弓处之间，重心要跟住滑行的速度，适应坡度，不能落后，也不必"超前"。

（二）"上体面向滚落线"的原则

在滑行中，上体尽量稳定地面向滚落线，"迎风而进"，这既是技术的需要，也是为提高转弯频率及流畅的滑行创造条件。

（三）"'纯'下肢用力"的原则

此原则的含义是脚下要有"根"，要踏实、不发虚。转弯主要是发挥下肢的主动性，多数情况下，反弓型应在胯部或膝部形成。上体尽量少用力或不用力。

（四）"山下侧雪板为主承担体重"的原则

各种转弯技术中，初学者乃至中、高级滑雪者应把山下侧的雪板（一般为外侧板）始终作为主动板，主要承担体重，并在转弯中起主导作用。用双雪板平均承重或山上雪板主要承重，难以被接受。

⑦

③

④

⑤

⑥

（五）"身体各环节的重心服从总重心前进方向"的原则

在滑雪的各种转弯中，要把自己的整个身体想象成一个球体或者一个"质点"，干净利落地对着转弯方向左、右滑进；而不能像一只蜘蛛，身体各环节的重心各为一方，以"散架"的姿势向下滑进，这样会使转弯方向不精确、平衡性不稳定、外形不美观，而且有危险性。转弯中甚至连眼睛也要盯住前进的方向，不可走神。

（六）快速短半径点杖回转图示

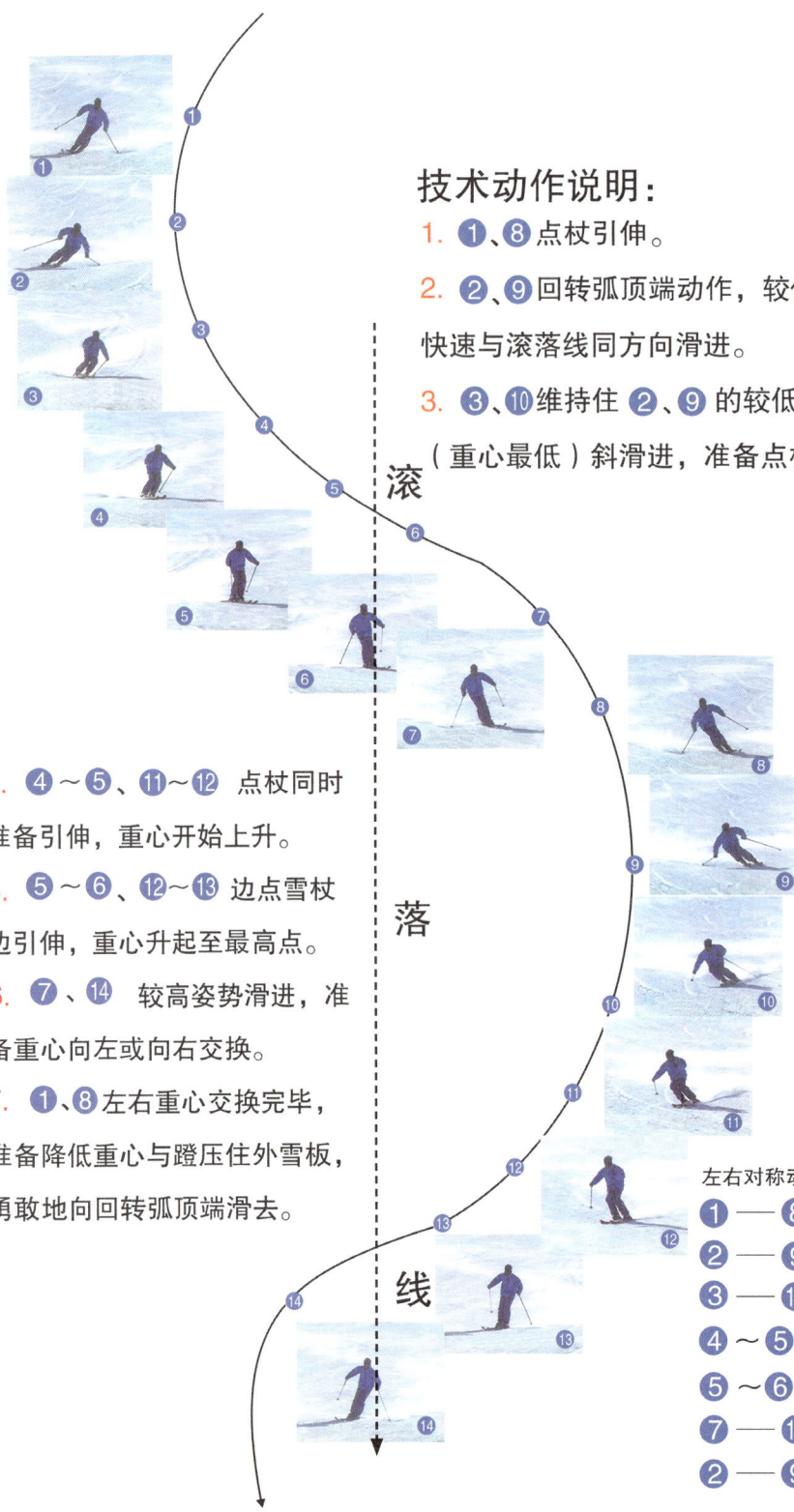

技术动作说明：

1. ①、⑧点杖引伸。

2. ②、⑨回转弧顶端动作，较低姿势，快速与滚落线同方向滑进。

3. ③、⑩维持住 ②、⑨ 的较低姿势（重心最低）斜滑进，准备点杖。

4. ④～⑤、⑪～⑫ 点杖同时准备引伸，重心开始上升。

5. ⑤～⑥、⑫～⑬ 边点雪杖边引伸，重心升起至最高点。

6. ⑦、⑭ 较高姿势滑进，准备重心向左或向右交换。

7. ①、⑧左右重心交换完毕，准备降低重心与蹬压住外雪板，勇敢地向回转弧顶端滑去。

滚

落

线

左右对称动作：

① —— ⑧

② —— ⑨

③ —— ⑩

④～⑤ —— ⑪～⑫

⑤～⑥ —— ⑫～⑬

⑦ —— ⑭

② —— ⑨

单板滑雪~

一、单板滑雪概述

单板滑雪1

1. 单板滑雪的兴起与发展

单板滑雪产生于20世纪60年代的美国，至今已有近60年的发展历史，目前已是滑雪运动中的大项目，不但成为冬奥会的竞赛项目，而且广受大众滑雪者的喜爱。

2. 单板滑雪的特点与魅力

单板滑雪与高山滑雪一样都是靠重力滑行的滑雪运动。两者虽在器材方面有些不同，但在诸如场地、设备、安全等方面很是接近或相同，在技术领域中有着广泛的内在联系与相近的因素。

单板滑雪由于集滑行与飞跃、空翻、转体、抓板等技巧动作于一体，而且借助跳台、平台、管道、栏杆等"道具"做出飘逸、浪漫、惊险的多变动作，因而具有无穷的魅力。单板滑雪后来者居上，已与高山滑雪成为现代大众休闲滑雪的兄弟项目，特别受到年轻一族的青睐。近几年，该项目的参与者群体日渐稳定与成熟。

二、单板滑雪的器材装备

单板滑雪与高山滑雪的器材装备不同，双脚共踏在一只宽的雪板上，双手不持滑雪杖，主要器材有雪板、雪鞋、固定器。

1. 单板滑雪板

单板滑雪板两端一般都翘起，两侧各有一条金属边。它大致分为通用类、技巧类、速度类三种，每种各有特点，外形不尽相同，其性能与用途也有差异。

通用类雪板是大众初学者首选雪板，选用的长度根据滑雪者的身高、性别、体重而定，一般立起后与嘴同高即可。

2. 单板滑雪鞋与固定器

（1）单板滑雪鞋与固定器有硬式与软式两种，绝大多数单板滑雪者都配备软式滑雪鞋及软式固定器，这是主流器材。

（2）软式单板滑雪固定器没有脱落的功能，即便跌倒后，脚与雪板也不会分开，仍固定在一起。

（3）选配单板滑雪鞋时，鞋的长度不能超过雪板的宽度，不然雪板立刃时雪鞋会触磨雪面。

滑雪板　　　　　　　　　　滑雪鞋

固定器

选用滑雪板

3.单板滑雪的安全带

单板滑雪固定器没有止滑部件，只将一条可调节的带子拴在固定腿膝下，防止跌倒或不小心时雪板自行流掉，这条带子称为安全带或防流带。

4.单板滑雪服

单板滑雪服较高山滑雪服明显宽松，保暖、防水、防风、透气、耐磨，几乎都为分身款式。

5.单板滑雪手套

由于单板滑雪不用滑雪杖，而且手部接触雪面的机会多，故单板滑雪手套要比高山滑雪手套肥大宽松，要求耐磨、保暖、防水、不向里灌雪。

6. 单板滑雪的保护用具

单板滑雪的保护用具很重要，护腕、护膝与护臀等以及头盔都是必需的。如不佩戴护具则腕部、膝部、尾椎及头部等易受伤。

7. 单板滑雪的其他用具

单板滑雪的其他用具包括风镜、帽子、头带等，基本与高山滑雪相同。

三、单板滑雪器材装备的使用

（一）穿好滑雪保护用具、滑雪服及滑雪鞋

首先应穿好放在服装里的护膝、护臀等保护用具，再穿滑雪服，如果保护用具是放在滑雪服外的，可后穿。最后穿滑雪鞋，将裤角及其内层套在鞋靿外面，这样既可防止进雪又可保暖。

穿好滑雪鞋

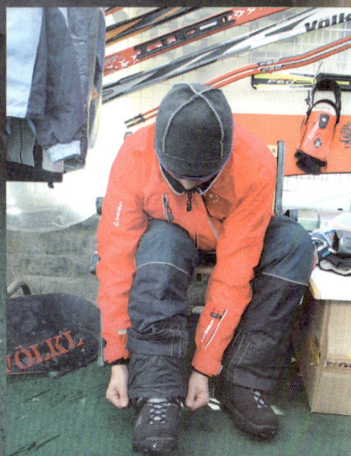

（二）固定及松开滑雪板

固定或松开单板滑雪板没有高山滑雪板那样便捷，须用双手在现场进行。

1. 固定滑雪板

具体程序如下：

（1）首先将雪板稳固地放在山坡上，与滚落线垂直，最好找一处平坦的地方放板，滑雪者站在山下侧。

（2）用手扯住安全带，用活动腿的脚踩住雪板，将安全带固定在固定腿膝下的部分，并将雪鞋与固定器固定好。

（3）固定腿带动雪板从侧面向后扭转180度，滑雪者的位置在雪板的山上侧。

（4）身体顺势面向山下坐在坡面上。

（5）再将活动腿的雪鞋与固定器固定好。

（6）用山上侧（后侧）板刃刻住雪面——用手撑雪，先蹲起再站起。

（7）双脚用力下踩雪板并微跳起，检验雪鞋与固定器的固定效果。

① ② ③

2. 松开滑雪板

可坐在雪坡上或站立弯腰进行。

①

②

③

（三）单板滑雪器具的相关知识

1.滑雪板应扣放在雪面上

滑雪板放到雪面上时，应将有固定器的上面朝下扣在雪面上。雪板最好与滚落线垂直，防止其自行溜滑。

2.单板滑雪固定器的转角

单板上的前后两只固定器与雪板纵向中线前端所形成的角度可称为固定器的转角，初学者固定器的转角一般是前固定器为18度左右，后固定器为6度左右。

①

②

四、单板滑雪的导入技术

单板滑雪者对雪板等器材及雪面需有一个适应与感悟的阶段，在这个适应器材与感悟雪性阶段所运用的技术及相关活动内容，通称为导入技术。导入技术不可忽视。

（一）单板滑雪的热身活动

单板滑雪的热身活动必须在穿雪板之前进行，主要内容是各关节的旋转活动及肌肉的拉伸。

（二）滑雪板的携带方式

滑雪板在雪场中的携带方式有：

1. 用一只手握住保护带及固定器的紧固带。

2. 直臂将雪板夹在腰部一侧，滑行面在内侧。

3. 滑雪板放在腰后部，用双臂于体后托挟住雪板，滑行面在内侧。

4. 不可肩扛或在雪面上拖拉雪板。

（三）基本要领

1. 确定固定腿（前腿）

一般是将平时习惯的起跳腿作为固定腿，即前腿。

2. 平地单脚蹬滑

在平面雪地上只将固定脚固定，活动脚连续向后蹬动雪面，推动雪板滑行，滑行的长度应逐渐加长，躯体的动作越小越好。

（四）正确的摔倒与站起

1. 学习单板滑雪的过程中，难免要摔跤。滑雪者应有强烈的自我保护意识，当摔跤已不可避免时，应主动采用安全摔倒的方式。

2. 安全摔倒的要领

（1）如基本呈后刃滑行时摔倒，应同时完成以下几个动作：

①空握双拳并屈臂收缩至胸前。

②弯屈膝部迅速降低重心。

③臀部着雪并快速过渡到背部着雪，团缩身体，抬起雪板。

④顺其自然下滑，直至停住。

（2）如在基本呈前刃滑行时摔倒，应同时完成以下几个动作：

①迅速屈膝（不可弯腰）降低重心。

②双手空握拳并屈臂收缩至胸前。

③弯曲的双膝、双肘臂与手、整个腹部瞬间先后触及雪面，身体呈俯卧姿态，同时抬头及抬起雪板。

④顺其自然下滑，直至停住。

（3）滑行中应尽量避免向前摔倒，摔跤时应严防头部受撞、雪板插入雪中和滚动。

①

②

3. 跌倒后的站起

（1）跌倒后会形成不同的姿态，首先需调整体位，使头向山上，雪板在山下。

（2）收拢雪板，使其靠近身体。

（3）面向山下坐起，并使雪板横在山坡上，尽量与滚落线垂直。

（4）用雪板后刃刻住雪面，用手撑身体，先蹲起再站起。

（5）刻住前刃站起时，应头向山上，俯卧于山坡上，收缩上体，用手撑地站起。

①

②

（五）单板滑雪的变刃

1. 单板滑雪的板刃

单板滑雪的双刃，在身体处在不同状况下会有不同的称呼，在体前（脚尖）一侧的刃称为前刃，在体后（脚跟）一侧的刃称为后刃。

靠山上一侧的刃称为山上刃，靠山下一侧的刃称为山下刃。

2. 单板滑雪的变刃

在山坡上欲不松开固定器而进行山上刃与山下刃的转换或前刃与后刃的转换时，可通过如下动作完成：

（1）由后刃变前刃：

①后刃（山上刃）要刻在山坡雪面上，身体呈站立姿态，面向山下。

②下蹲后坐在雪坡上，然后仰躺于雪坡上。

③弯屈固定腿，使同一侧雪板尖向山上提升一些，雪板与滚落线成一定角度。

④身体向固定腿一侧扭转，同时活动腿提拽雪板于空中同时扭转，使身体与雪板都翻转180度，身体俯卧于雪坡上。

⑤用双手支撑上体，前刃（原山下刃）刻住雪面，同时双膝弯屈跪在雪坡上再站起。

①

②

③

④

⑤

①

②

（2）由前刃变后刃：

①首先头朝山上俯卧在山坡上，用前刃刻住雪面。

②弯屈一条腿，使同侧雪板尖向山上侧提升一些。

③身体向该侧转体，同时相应腿提拽雪板扭转直至180度，身体仰躺于雪坡上。

④坐起并收拢雪板，用后刃刻住雪面。

⑤用手撑雪面，站起。

③

④

五、单板滑雪的基本姿势

单板滑雪初学时的基本姿势很重要，应很好地体会并掌握。基本姿势要领如下：

身体基本呈站立姿态，双手微空握拳，稍抬起双大臂与稍弯屈双小臂于胸腹两侧，手同肩宽，近似于驾车时握方向盘的姿态。双脚间横向距离与臀同宽，双膝微屈，双脚尖朝固定腿方向稍扭转站稳，重心居中，双目平视，全身放松。

初级阶段之后，随着单板技术的提高及各种花样动作的运用，基本姿势会有多种变化，呈现出千姿百态。

六、单板滑雪的滑降技术

（一）单板滑降技术的含义与分类

1. 单板滑雪的滑降技术是指从山上向山下的基本不转弯的滑行。

2. 单板滑降的方式主要有以下三种：

（1）雪板与滚落线相垂直的横滑降。

（2）单板与滚落线大致方向成一定角度的斜滑降。

（3）单板与滚落线大致方向相一致的直滑降。

用后刃横滑降

直滑降

用前刃斜滑降

（二）单板滑雪横滑降的动作要领

横滑降又有前刃横滑降与后刃横滑降之区别。

1.前刃横滑降动作要领

（1）面向山上，在保持基本姿势的前提下，雪板横在山坡上，与滚落线垂直。

（2）双膝加大前屈，双脚掌均等用力，将山上板刃（前刃）刻于雪面。

（3）利用双膝与双脚的协调动作，试探性减轻雪板立刃程度，也可近于放平雪板，雪板便可自然向下滑动。

前刃横滑降

2.后刃横滑降动作要领

（1）面向山下，在保持基本姿势的前提下，雪板横在山坡上，与滚落线垂直。

（2）双膝微伸展，双脚后侧均等用力，将山上板刃（后刃）刻于雪面。

（3）利用双膝与双脚的协调动作，试探性减轻雪板的立刃程度，也可近于放平雪板，雪板便会自然向下滑动。

后刃横滑降

（三）单板滑雪斜滑降的动作要领

1. 不管运用前刃斜滑降还是运用后刃斜滑降，都要以基本姿势为前提，转动双臂与上体，使其与滑行方向大致相同，滑行中的板刃承担全部体重。

斜滑降中保持基本姿势

2. 斜滑降中可用膝部的弯屈与脚踝前后的压力来增减立刃角度。

斜滑降中增减立刃角度

3. 斜滑降中可以变换前后刃滑行。在陡坡上不可运用上体向前的前刃斜滑降。

（四）单板滑雪直滑降的动作要领

在身体呈基本姿势的前提下，放平雪板，转动双臂与上体，使上体面向山下，与雪板运行方向大致相同，前脚主要承重。

七、单板滑雪滑降的减速与停止

（一）单板滑降中的减速

单板滑降中的减速可通过前后刃的横滑控制。

快速滑行时要通过左右的连续转弯达到控制速度的目的。

（二）单板滑降的停止

单板滑降中的停止是在减速后实现的，减速技术的动作幅度加大、加强，便会达到停止。

用后刃停止

八、单板滑雪的转弯

①

②

③

（一）单个转弯

（1）身体呈单板斜滑降的姿势。

身体前倾，重心前移，前脚始终承担主要体重。

（2）双臂与上体向转弯内侧扭转，作为转弯的前导动作并控制转弯方向。

摆动活动腿，改变雪板转弯迎角。

（3）屈膝压低重心，加大雪板承重，同时调整立刃角，确保立刃达到转弯目的。

（4）以上运动是连贯完成的。

④

向右侧转弯

（二）连续转弯

　　初级阶段的单板连续转弯可体会成是在两个单转弯间加上一个单板斜滑降完成的。

①

②

③

④

⑤

⑥

九、单板滑雪乘用索道的方式

最初练习时，可乘用初级雪道中的魔毯索道，当基本能平稳滑行后再乘用其他索道。

①

（一）乘用魔毯索道

乘用魔毯索道很方便，把雪板脱掉后站在传送带上即可。

（二）乘用拖牵式索道

1. 乘用拖牵索道要具备一定的平衡滑行能力。

2. 必须松开活动腿，按序排站在乘车区位。

3. 转头盯住拖牵索道拉杆，用手握住拉杆放到两腿间夹住，身体及双腿都要立直，尽量放松，稳稳站住不要摇晃。

4. 下车时要做好准备，松开拉杆时要轻放，用活动腿迅速蹬地离开下车区位。

②

③

④

（三）乘用吊椅式索道

乘用吊椅式索道较方便，但是不可盲目乘坐上山，上山后不能安全滑下来是有危险的。注意事项：

1. 首先松开活动腿，按序排站在乘车区位。

2. 转头目视座位，坐上吊椅后放下护栏，保管好自己的物品，以防坠落，不要摇晃座椅。

3. 下车之前抬起护栏，做好准备。

4. 待吊椅运行到下车区位时，站起下车借势滑出，迅速离去。

5. 乘用吊椅索道时，最好将单板卸开抱在体前。

（乘用吊椅式索道请参阅高山滑雪章节）

越野滑雪~

一、越野滑雪概述

（一）越野滑雪历史悠久

越野滑雪也可以说是滑雪运动的"鼻祖"项目。人类的滑雪运动就是从实用性的越野滑雪开始的。

（二）越野滑雪是当代的主要大项

越野滑雪是当代滑雪的主要大项之一，是竞技滑雪的重要项目。

（三）越野滑雪的场地

越野滑雪的场地是由上坡、平地、下坡各约占三分之一的丘状起伏地形组成，雪道一般宽度在2.5～6米，环形线路顺时针滑行。

（四）越野滑雪适宜广泛参与

从某种意义上讲，可以把越野滑雪体会成"步行滑雪""长距离滑雪""平地滑雪"，是极好的有氧运动，也是滑雪运动中最安全的项目，受伤概率极低，很适宜滑雪初学者以及体弱、年迈、体育素质差的群体选择。越野滑雪对肌体的锻炼效益也高于其他滑雪项目，适合广泛参与。

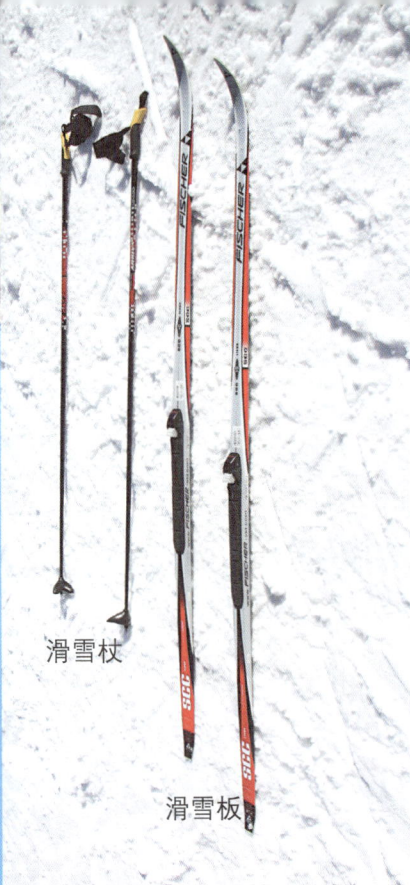

滑雪杖

滑雪板

二、越野滑雪的器材

1. 越野滑雪的基本器材是滑雪板、滑雪杖、滑雪鞋、固定器，较高山滑雪与单板滑雪器材轻便，脚后跟能抬起，便于长距离的前滑与后蹬。

2. 越野滑雪鞋、滑雪杖、滑雪板等器材的穿用方法类似于高山滑雪。

固定器

滑雪鞋

穿好滑雪鞋

简单程序是：

穿好滑雪鞋——握好滑雪杖——穿好滑雪板——脱掉滑雪板。

① ② ③

握好滑雪杖

① ②

穿好滑雪板

脱掉滑雪板

① ②

三、越野滑雪的技术

越野滑雪的技术不复杂，易于掌握。越野滑雪的技术主要包括以下几种：

（一）基本站立姿势与平地走滑

1. 越野滑雪基本的站立姿势应放松、自然。

平行板型站立姿态

犁式板型站立姿态

①

②

2. 平地走滑是指穿上滑雪板，手持滑雪杖在平地上如同步行般滑动，双腿前、后轮换后蹬与前滑，滑雪杖前、后轮换支撑。

③

④

（二）同时推进滑行

用双滑雪杖同时向后撑动，双雪板同时并齐向前滑动。

（三）二步交替滑行

二步交替滑行是指两只雪板轮换向前滑动与向后蹬动一次，双雪杖配合轮换向后撑动与向前提动一次。二步交替滑行时，前雪板为滑行板，承担体重，膝部微弯屈；后雪板为蹬动板，推动滑行板前进，身体呈基本站立状态。二步交替滑行是越野滑雪的核心技术。

（四）蹬冰式滑行

蹬冰式滑行技术是近些年来出现的新技术，与滑冰动作很相似，有人称之为"雪地上的滑冰"。

在双雪板的斜向滑动与蹬动过程中，双滑雪杖同时向后撑动，增加动力。每只雪板滑行一步，双雪杖同时后撑一次的技术称为一步一撑滑行。两只雪板各滑行一步，双雪杖同时后撑一次的技术称为二步一撑滑行，蹬冰式滑行也是越野滑雪的核心技术。

蹬冰式滑行（侧面）

①

②

蹬冰式滑行（正面）

③

八字登山

（五）登山技术

越野滑雪的登山（登坡）技术，通常有八字
登山、走滑或二步交替登山、横板登山等。八字
直登山、横板登山的技术动作要领与高山滑雪的
相应技术相同，运用走滑或二步交替滑行技术登
山时，步幅应小些，上体前倾。

二步交替登山

越野滑雪2

（六）滑降技术

越野滑雪的滑降技术通常有双板平行直滑降、犁式滑降、斜滑降等。技术动作要领与高山滑雪的相应技术类同。

双板平行直滑降

犁式直滑降（背面）

犁式直滑降（正面）

（七）减速与停止

越野滑雪的减速、停止技术与高山滑雪中的减速、停止技术类同，主要通过犁式制动技术减速；越野滑雪停止时根据实际情况可采用大犁式、踏步式转弯、绕山急转弯及内侧雪杖支撑双雪板扭转来实现。

正面

侧面

FOLLOWING CHAMPION TO SKI

（八）转弯技术

①

②

1. 越野滑雪的转弯技术常用的有犁式转弯、扭动式转弯，另有踏步式转弯、绕山急转弯等，除扭动式转弯技术外，基本同高山滑雪相应的转弯动作要领。

③

向左侧犁式转弯

④

2. 越野滑雪的犁式转弯，腿部较直，上体应微前倾，防止雪板立刃时向外拖滑。

⑤

向左侧扭动式转弯与停止

①

②

3. 扭动式转弯是指
由内侧雪杖支撑，双雪
板几乎同时扭转的一种
转弯。扭动式转弯通常
用于越野滑雪中的停止
及快速转弯中。

③

越野滑雪滑轮~

一、越野滑雪滑轮项目简介

（一）越野滑雪滑轮简介

越野滑雪滑轮既是越野滑雪项目极好的辅助模仿训练方式，又是独立形成的一类体育项目，二者如同"双胞兄弟"，非常相近，技术互转性非常强。越野滑雪滑轮是一项全身性有氧体育运动，对身心的锻炼价值很大。越野滑雪滑轮所用器材简便，不受地理区域、季节和气候条件以及场地条件制约，各种年龄段及身体状况、职业状况的人均可参与。

越野滑雪滑轮技术简单，易于掌握，技术分类及基本要领与越野滑雪基本相同或相似。

（二）越野滑雪滑轮的技术简要分类

自由式技术	传统式技术	同时推进滑行技术	各种技术的动力来源于腿的蹬动和雪杖的撑动。
		二步交替滑行技术	
		踏步转弯等技术	
	蹬冰式技术	不持杖蹬冰式滑行技术	
		一步一撑蹬冰式滑行技术	
		二步一撑蹬冰式滑行技术	
		蹬步转弯等技术	

目前流行的传统式技术只包含同时推进滑行技术、二步交替滑行技术以及踏步转弯、减速停止等技术；而自由式技术不受任何限制，包含所有的传统式技术和蹬冰式技术。也有人习惯把蹬冰式技术称为自由式技术。

（三）越野滑雪滑轮的安全

越野滑雪滑轮虽然是一项安全的项目，但皮肤的摩擦、关节的挫伤也会偶尔发生，所以练习中的安全不可忽视，应把安全贯穿于训练的全过程。

1. 做好充分的热身活动。
2. 佩带齐的安全护具。
3. 检查滑轮器材是否完好，要选用适用的器材。
4. 初练阶段动作幅度要小，力度要轻。
5. 训练场地上不可逆行。
6. 要遵照循序渐进的原则。

二、越野滑雪滑轮的器材装备与场地

（一）越野滑雪滑轮的器材装备

越野滑雪滑轮的器材装备包括传统技术滑轮和蹬冰式技术滑轮两种，另包括滑轮杖、滑轮鞋及保护用具等。传统技术滑轮可以用普通的运动鞋替代。滑轮本身带有调整滑轮滑进方向和停止功能的装备。保护用具包括头盔和专用护膝、护肘及手套等。穿脱滑轮和鞋子，要坐在高处进行，参见下图。

（二）越野滑雪滑轮场地

越野滑雪滑轮对场地要求条件很低，多可借用现有的土路、沥青路、草地、塑胶场地等，有条件的地方最好能建成一个专用的滑轮滑道，这样更为方便安全。滑轮场地一般为环状有起伏的地形，宽3～6米，逆时针滑行。应有一个起终点区域，面积可大可小，也可用其他场地代替。

初学和一般滑轮场地的上坡和下坡路段不可过陡，不要超过2度至5度为宜，转弯处半径应大于135度。

三、越野滑雪滑轮的入门练习

（一）越野滑雪滑轮的基本站立姿势

呈站立姿态，双轮平行不超过肩的宽度，膝盖微屈，双脚平均承担体重。双手握持双杖，肘部弯曲，双雪杖尖插于双脚外前侧，两杖距离略超过肩宽。全身放松，目视前方地面10～15米。

（二）平地走滑

穿好滑轮站好，面向前方。分别向前小幅度迈动左脚或右脚，滑轮最好不离开地面，同时左右臂配合前后撑动，就如同平时走路一样。也可握住杖杆的中部前后摆动，杖尖始终要朝向后下方。

① ② ③ ④ ⑤

（三）技术术语

撑动杖 前提杖 双杖前提

蹬动腿 滑行腿 蹬动腿 滑行腿

滑步的概念：每次向后蹬动一条腿，促使另一条或两条腿向前滑行的动作，称为滑步。

四、二步交替滑行

技术动作说明： 右腿用力向后蹬动，右臂持杖前提，同时左腿屈膝，承担体重，左杖撑地向后推动。动作周期为左右腿各向后蹬动一次，各屈膝承重向前滑动一次，每只杖各向前提动一次，各向后撑地推动一次。

每次向后蹬动时，对侧的滑轮杖就向后撑动一次；每次屈膝承重向前滑行时，对侧的滑轮杖就向前提动一次。

①

②

③

④

⑤

⑥

五、同时推进滑行

（一）同时推进技术动作

技术动作说明：同时推进，首先双脚并列平行站立，上体稍前倾。微屈膝，双雪杖同时向后撑地推动，弯腰收腹，向前滑行。

（二）跨一步同时推进技术动作

技术动作说明：向前一个跨步加一个同时推进。双杖向前提动的同时，一只腿向后蹬动，重心落在前支撑腿上，然后双腿并拢，双雪杖向后同时撑动，向前滑行。

六、蹬冰式技术

（一）不持杖蹬冰式技术动作

技术动作说明： 双腿与肩同宽，上身稍前倾，一只腿向侧后蹬地，另一只腿屈膝，承担体重，向前斜方滑出，双臂作相应的摆动，如同滑冰的动作。

（二）持杖蹬冰式技术动作

技术动作说明： 双脚与肩同宽，上身稍前倾，握持双杖，一只腿向侧后蹬地，另一只腿屈膝，承担体重，向前斜方滑出，双臂作相应的摆动，如同持杖的滑冰动作。

（三）一步一撑蹬冰式技术动作

技术动作说明： 每蹬动一次，双滑雪杖向后同时撑动一次，称为一步一撑蹬冰式技术。单腿滑行时，双杖向前提动至体前，向后撑动，同时左腿蹬动，右腿向前承重滑行，三者必须同时进行，推动身体向前滑行，如此反复，形成每次蹬动配合一次撑杖的技术表现。这种技术速度快、频率高、强度大，使人有一种跳滑的感觉。

FOLLOWING CHAMPION TO SKI

（四）二步一撑蹬冰式技术动作

技术动作说明：两步一撑蹬冰式技术动作，是由左右腿各一次蹬动和滑雪杖一次撑动组成的。在蹬动左腿的同时，右腿承重向前滑行，双杖前提，然后蹬动右腿，左腿承重向前滑行，双杖向后撑动。

①

②

③

④

⑤

⑥

⑦

⑧

⑨

仿真雪(旱雪 四季雪)～

单兆鉴讲旱雪滑旱雪

一、仿真雪（旱雪 四季雪）介绍

仿真雪也可称为旱雪、四季雪，最早起源于英国，是一种通过人工化学合成的假雪，是实现滑雪场一年四季经营的创新方式。这种材质的优点在于仿真性很强，使用与真雪同样的滑雪用具和滑雪技巧，即可获得与滑真雪相似的乐趣，是非雪季满足滑雪爱好者（特别是初学者）滑雪兴趣的替代方式。为满足四季都能滑雪的需求，仿真雪应时而生，保障一年四季天天皆可练习滑雪。

仿真雪的种类很多，主要形态有地毯式、刷子式、梳子式、金针菇式等。最近又出现多种仿真滑雪的模拟设备，进步扩大了仿真雪的运营空间。

二、仿真雪的特点及优势

1. 仿真雪场不受季节、气温和区位影响，可建设在多种场合，如主题公园、城市中心及近郊景点内、校区内，从而使无法修建滑雪场的地区，同样能有条件参与滑雪，享受滑雪的乐趣，拥有健康；

2. 仿真雪延长滑雪场经营期，使之成为冬夏互补、四季经营的滑雪场，充分发挥滑雪场已有设施、装备的功能和使用价值；

3. 仿真雪顺应大众滑雪发展的潮流，投入少，节约能源，生态环保，见效快且运营成本低；

4. 仿真雪目前多用于高山滑雪、单板滑雪的四季运行，也延伸到越野滑雪、滑雪娱乐园等领域，可衍生众多的多季旅游项目，如跳台（跳水）助滑、雪上技巧以及其他娱乐型项目等；

5. 滑仿真雪的费用较低、便于大众参与，而且安全性高、娱乐性强，男女老少皆宜；

6. 仿真雪滑雪在中国还是一个新兴的领域，尚需在实际推行中不断改进和提升。

三、仿真雪的技术演示

仿真雪的滑行技术非常接近于高山滑雪和单板滑雪，也可用在越野滑雪等滑雪项目上。

犁式滑雪

单板滑雪

双板平行转弯

仿真雪教学

夏季里的冬天

视 频 集 录

 ① 阿勒泰古老滑雪
http://code.ccapedu.com/
wx/r?16122701008

 ② 高山滑雪 1
http://code.ccapedu.com/
wx/r?16122701003

 ③ 高山滑雪 2
http://code.ccapedu.com/
wx/r?16122701004

 ④ 高山滑雪 3
http://code.ccapedu.com/
wx/r?16122701005

 ⑤ 高山滑雪 4
http://code.ccapedu.com/
wx/r?16122701006

 ⑥ 高山滑雪 5
http://code.ccapedu.com/
wx/r?16122701007

 ⑦ 单板滑雪 1
http://code.ccapedu.com/
wx/r?16122701001

 ⑧ 单板滑雪 2
http://code.ccapedu.com/
wx/r?16122701002

 ⑨ 越野滑雪 1
http://code.ccapedu.com/
wx/r?16122701010

 ⑩ 越野滑雪 2
http://code.ccapedu.com/
wx/r?16122701011

 ⑪ 滑雪欣赏
http://code.ccapedu.com/
wx/r?16122701009

 ⑫ 越野滑雪滑轮宣传片
http://code.ccapedu.com/app/
book/student/bookResource/view.
do?resourceCode=161227010
14&openid=anonymous&rand
om=1512351828197

 ⑬ 越野滑雪滑轮进学校
http://code.ccapedu.com/app/
book/student/bookResource/view.
do?resourceCode=161227010
13&openid=anonymous&rand
om=1512351743987

 ⑭ 单兆鉴讲旱雪滑旱雪
http://code.ccapedu.com/app/
book/student/bookResource/view.
do?resourceCode=161227010
12&openid=anonymous&rand
om=1512351804135